30
40

지금, 교회는 다시 숨 쉬어야 한다

**심폐
소생**

3040
심폐소생

초판 1쇄 인쇄 2025년 7월 30일
초판 1쇄 발행 2025년 8월 10일

지은이 손병세
펴낸이 김춘자
펴낸곳 목양북

등록 2024년 3월 22일 제2024-047호
주소 경기도 용인시 처인구 양지면 학촌로53번길 19
전화 070-7561-5247 **팩스** 0505-009-9585
이메일 mokyang-book@hanmail.net

Copyright ⓒ 킹덤처치연구소 2025

ISBN 979-11-993171-5-4

* 본 저작물은 신저작권법에 의하여 한국 내에서 보호받는 저작물이므로 무단전재와 복제를 엄격히 금합니다.
* 책 값은 뒤표지에 있습니다.
* 잘못된 책은 교환하여 드립니다.

3040

지금, 교회는 다시 숨 쉬어야 한다

손병세 지음

심폐소생

킹덤처치연구소
KINGDOM CHURCH INSTITUTE

목차

프롤로그　지금, 3040 심폐소생을 시작할 시간이다　• 008

추천사　• 012

1부　생활밀착형 신앙을 추구하는 3040　• 031

1장. 애매한 정체성을 가진 3040　• 033
- 3040세대의 정의　033
- 낀 세대의 정체성　038
- 이도저도 아닌 '애매한 자리'　041
- 압축된 생애주기　044

2장. 신앙을 소비하는 3040　• 047
- 입맛따라 신앙을 선택한다　047
- 원칙은 갈망하지만, 통제는 거부한다　050
- 디지털 시대에 맞는 신앙을 추구한다　052

3장. 참된 교회를 바라는 3040　• 057
- 공감하는 교회를 원한다　057
- 건강한 삶을 원한다　061
- 마음의 연결을 원한다　070

2부 교회를 떠난 3040 · 077

4장. 믿음의 둥지를 잃은 3040 · 079
- 교회 안에서는 하나님을 찾을 수 없었다   079
- 교회로 발걸음을 옮길 힘이 없었다   084
- 신앙을 지키기 위해서 교회를 떠났다   087
- 견고한 믿음의 둥지를 필요로 한다   091

5장. 교회와 멀어질 수밖에 없었던 3040 · 097
- 교회 언어는 3040을 담지 못한다   097
- 위에 있는 교회가 아닌 곁에 있는 교회를 원한다   100
- 공감하고 공감받기 원한다   106

6장. 교회가 잃어버린 3040 · 112
- 종교적인 것을 거부하고 영적인 것을 추구한다   112
- 개인화된 신앙을 추구한다   115
- 신앙 표현의 자유를 추구한다   120
- 교회가 삶에 관심을 가져주길 추구한다   122

목차

3부   더행복한교회의 실험과 전환   • **129**

    7장. 삶과 연결되는 교회   • **131**
- 더행복한교회는 3040목회의 대안이다   131
- 네 가지가 더행복한 삶을 세운다   136
- 일상이 셀 공동체를 세운다   140
- 셀이 친밀한 공동체를 세운다   144
- MG가 건강한 공동체를 세운다   146

    8장. 다시 설계되는 교회   • **150**
- 새로운 교회로 재설계해야 한다   151
- 작은교회일수록 소그룹이 중요하다   160
- 소그룹 리더가 교회를 세운다   163
- 소그룹 리더에게 필요한 것은 자격이 아니라 타이밍이다   166
- 여섯가지로 3040세대를 위한 교회를 설계해야 한다   169
- 하이브리드 교회가 신앙의 생명줄을 만들어 낸다   177

    9장. 3040세대를 사역의 주체로 세우는 교회   • **180**
- 관계 중심으로 세워야 한다   180
- 현실을 반영한 신앙콘텐츠를 계발해야 한다   183
- 함께하는 사역 구조로 만들어야 한다   191

4부   다시 시작하는 3040   • 197

10장. 연결고리를 만드는 교회   • 199
- 부부간 소통의 고리를 만들어야 한다   199
- 부모세대와 자녀세대의 고리를 만들어야 한다   202
- 교회와 가정의 신앙의 고리를 만들어야 한다   207
- 부모와 자녀의 교육의 고리를 만들어야 한다   211

11장. 공감고리를 만드는 교회   • 218
- 공감이 흐르는 교회여야 한다   218
- 감성으로 시작되는 예배여야 한다   221
- 감사가 가득한 예배를 만들어야 한다   223
- 예배 안에서 숨쉴 수 있어야 한다   228
- 유연성과 자율성이 보장되어야 한다   230
- 사람을 살리는 예배여야 한다   233

12장. 본질고리를 만드는 교회   • 238
- 3040세대가 살아야 다음세대도 산다   238
- 형식이 바뀌어도 복음의 본질은 지켜진다   241
- 준비되지 않아도 괜찮다, 지금 시작하면 된다   244

에필로그 : 지금, 다시 시작할 수 있다.   • 254

프롤로그
지금, 3040 심폐소생을 시작할 시간이다

길이 막혔다고 느껴질 때, 하나님은 그 막힘을 통해 새로운 길을 여신다. 멈춘 것처럼 보였던 걸음이, 오히려 하나님의 방향 전환이었음을 나중에 깨닫게 되는 것. 필자는 그 은혜를, 몸소 경험했다.

안산동산교회에서 청년부 사역을 마무리한 뒤, 하나님의 인도하심을 따라 미국 LA 사랑의교회로 사역지를 옮기려던 때였다.

기도하며 내린 결정이었고, 기대도 컸다. 그런데 오바마 정부 시기, 갑작스럽게 이민법이 강화되면서 종교비자 발급이 복잡해졌다. 몇 달을 기다려도 답이 없었다. 간절히 기도했고, 금식도 했다. 미국 교회 성도들과 목사님도 함께 기도해 주셨다. 그러나 길은 열리지 않았다. 철저한 막힘, 그것이 필자의 현실이 되었다.

김인중 원로목사님께서 제게 짧지만 깊은 한마디를 전하셨다.

"다시 돌아오게!"

그 말씀은 단순한 권면이 아니었다. 그 안에는 위로와 사명, 두 가지가 동시에 담겨 있었다.

결국 미국 교회와의 긴 대화를 통해, 저는 다시 한국으로 돌아오기로 결단했다. 그리고 놀랍게도, 그 결정을 내린 지 딱 3일 만에 종교비자가 발급되었다. 그때 필자는 확신했다.

하나님이 막으신 길은 실패가 아니라 부르심이라는 것을. 그리고 그 막힘이 아니었다면, '신혼부부 공동체 사역'은, 그리고 3040세대를 향한 사역은 시작되지 않았을 것이다.

성경도 우리에게 이렇게 말한다. 사도 바울은 로마로 가고자 했다. 그러나 길이 막혔다. 그는 결국 편지를 쓴다. 그 막힘이 있었기에, 우리는 지금도 복음의 정수를 담은 로마서를 손에 들고 읽을 수 있다. 사도행전에서도 바울 일행은 아시아로 가려 했지만, 성령께서 길을 막으셨다. 그 막힘은 곧 마게도냐 환상으로 이어졌고, 그 결과 유럽 최초의 교회, 빌립보 교회가 세워졌다. 막힘은 멈춤이 아니었다. 그것은 하나님의 더 깊은 계획이었다. 더 놀라운 길로의 전환이었다.

지금, 한국교회는 또 하나의 막힘 앞에 서 있다. 코로나19 이후, 3040

세대는 조용히 교회를 떠났다. 이제 그들의 자녀들도 예배에 익숙하지 않다. 주일학교의 등불은 희미해졌고, 예배당은 점점 빈자리를 늘려가고 있다. 그러나 필자는 믿는다. 이것은 끝이 아니라, 새로운 시작을 위한 부르심이라고 말이다.

더행복한교회는 지난 10년, 바로 이 잊혀진 세대, 3040세대와 함께 씨름하며 기도했고, 도전했고, 실험했고, 실패도 겪었다. 하지만 포기하지 않았다. 그 결과, 다시 숨 쉬기 시작한 사람들이 있었다. 다시 예배하고, 다시 공동체의 중심에 서며, 하나님 나라를 위해 헌신하는 기적 같은 변화의 이야기들이 일어났다.

이 책은 그 여정의 기록이다.
그리고 지금, 이 시대의 3040세대를 품고자 하는 모든 교회와 목회자들에게 드리는 간절한 고백이다.

1부에서는, 지금의 3040세대는 누구이며, 어떤 시대적 배경 속에 있는지를 다룬다.
2부에서는, 왜 그들이 교회를 떠났고, 무엇에 아파하며 방황하는지를 탐구하고,
3부에서는, 더행복한교회는 어떻게 그들을 다시 품고, 회복의 공동체로 세워갔는지를 나누며,

4부에서는, 교회가 다시 일어서기 위해 지금 어떤 결단과 변화가 필요한지를 제안할 것이다.

이제, 한국교회여! 3040 심폐소생의 시간이 도래했다. 그들은 떠난 것이 아니다. 단지, 다시 숨 쉴 수 있는 공간을 찾지 못했을 뿐이다.

교회가 먼저 바뀌고, 다시 손을 내밀고, 그들의 아픔을 이해하고, 기다려 준다면 반드시 돌아올 것이다. 희망은 아직 있다. 그리고 그 희망은 지금, 당신의 교회에서도 시작될 수 있다.

지금이다. 지금이 바로, 3040 심폐소생을 시작할 시간이다.

추천사

김인중 목사 (안산동산교회 원로 목사)

　청년 시절 안산동산교회에서 자라나 교육전도사, 부목사, 행정목사로 헌신하며 교회를 섬겼던 손병세 목사님. 그가 3040세대 청년들과 함께 큰숲 분립개척을 통해 안산 초지동에 '더행복한교회'를 세우고, 지금도 건강하고 행복한 교회 공동체를 아름답게 이끌고 있음을 저는 누구보다 가까이에서 지켜봐 왔습니다. 이번에 출간된 〈3040 심폐소생〉은 저에게 단숨에 읽히는 책이었고, 무엇보다 이 시대 한국교회에 꼭 필요한 방향성과 용기를 주는 책이었습니다. 그래서 기쁜 마음으로 적극 추천합니다.

　이 책은 오늘날 3040세대가 교회로부터 멀어지고 있는 현실 속에서, 어떻게 하면 그들이 다시 숨 쉬고, 다시 돌아오게 할 수 있을지 목회 현장의 생생한 경험을 바탕으로 구체적이고 실제적인 해답을 제시해 줍니다. '심폐소생'이라는 단어처럼, 누구나 관심을 갖고 배우며 실천하면 죽어가던 사람도 살릴 수 있듯이, 이 책은 한국교회의 심장이 다시 뛰게 하는 은혜의 도구가 될 것입니다. 특히 이 책은 한국교회 모든 담임목회자들과 교사들, 그리고 청년 사역자들에게 반드시 권하고 싶습니다. 그들이 함께 읽고 나눌 때, 3040세대가 다시 교회를 사랑하게 되고, 결혼도 기쁘게 하며, 자녀를 낳고 행복하게 양육하는 건강한 가정 공동체, 행복한 신앙 공동체가 세워지는 희망의 미래를 보게 될 것입니다. 〈3040 심폐소생〉은 단순한 이론서가 아닙니다. 목회의 현장에서 길어 올린 살아 있는 통찰이며, 한국교회가 지금 꼭 읽어야 할 책입니다.

김도인 목사 (아트설교연구원 대표, 글과길 출판사 대표)

세상은 3040에 고민이 거의 없다. 3040이 아주 많기 때문이다. 단지, 그들이 어떤 생각을 하고 있는가에만 관심이 있을 뿐이다. 그러나 교회는 다르다. 교회는 3040에 고민이 깊다. 왜냐하면 3040이 거의 없기 때문이다. 특히 코로나19 이후 교회에서 이 세대를 만나는 일은 마치 사막에서 바늘 찾기처럼 어렵게 되었다. 그러므로 교회에서 3040을 만나면 무척 반갑다.

교회는 지속적으로 3040을 걱정한다. 그리고 해보려고 애를 쓴다. 하지만 어떻게 해야 하는지 막막하다. 이 고민을 풀어줄 책이 드디어

출간되었다. 〈3040 심폐소생〉은 3040목회를 위한 실질적인 해답과 대안을 제시하는 첫 책이다. 이 책이 던지는 펀치는 강펀치이다. 파급효과는 강력한 쓰나미가 될 것이다.

이 책은 제목과 목차만으로 어떤 책인지 알 수 있다. 이 책의 기원은 안산동산교회였고, 그 결실은 더행복한교회에서 맺어졌다. 그런 의미에서 고민, 방법론, 해결책 등이 모두 담겨 있다. 이 책은 한 마디로 3040목회의 가이드북이라 할 수 있다. 3040은 이론보다 실천, 추상적인 구호보다 생활밀착형 신앙을 추구한다. 더행복한교회는 3040세대가 교회안에서 행복한 신앙생활을 할 수 있도록 돕는 공동체다. 이 책은 그들이 어떻게 다시 교회로 돌아오게 되는지를 보여주며, 한국교회 모두가 3040을 위해 다시 뛰라고 독려한다.

책 〈3040 심폐소생〉은 손병세 목사님이 약 20년간 3040 세대를 위해 씨름하며 쌓아온 노하우를 배울 수 있는 책이다. 그리고 교회에 접목할 수 있도록 친절하게 안내한다. 늘 느끼는 것이 있다. 한국교회는 어떤 분야이든, 특히 실천분야에서는 이론서가 거의 없다. 3040은 더 심하다. 입만 열면 3040을 걱정하지만 이론을 쓸 수 있는 목회자가 거의 없다. 그런 의미에서 이 책은 출간에 아주 반갑다. 3040목회를 '고민하는 목회자와 교회'에게 이론을 뒷받침해줌은 물론 어떻게 해야 되는지를 보여주기 때문이다.

3040목회를 해보고 싶은 교회, 3040목회를 보완하려는 목회자 그리고 3040을 중심으로 개척하고 싶은 목회자에게 적극 추천한다. 이 책은 그런 교회와 목회자에게 기쁨의 해갈을 듬뿍 줄 것이다.

송창근 교수 (블루라이트 강남교회 담임 / 미드웨스턴신학교)

셀 목회, 선교적 교회, 한국교회 사역을 오래동안 해왔던 손병세 목사가 본인의 사역 경험과 노하우를 담은 〈3040 심폐소생〉을 출간했다.

30,40세대와 주일학교 사역은 미래 한국교회의 성패가 달린 중요한 이슈이지만, 대안이 될만한 모델이 많지 않다.

특별히 손 목사는 30,40세대와 주일학교 사역이 중심이 된 선교적 교회를 개척하고, 10년 이상 사역하며 아름다운 모델을 보여 주고 있다. 30,40세대와 주일학교 사역에 있어서 한국교회가 주목하는 리더이다.

이 책은 다음세대와 미래의 한국교회에 새로운 대안을 제시하며, 이 부분에 고민하는 목회자와 평신도 리더들에게 가뭄의 단비가 될 것이다.

이종필 목사 (세상의빛교회 담임 / 칼빈대학교 교수 / 킹덤처치연구소 대표)

저자 손병세목사는 찐이다. 고등학교를 졸업한 이후 학업을 하면서도 쉬지 않고 교회를 위해 30년을 넘게 사역한 찐 목회자다. 개척 전에도 개척 후에도 대부분의 사역 기간을 지금의 3040 세대를 위해 사역한 찐 3040 전문가다. 그저 사역의 자리만 지킨 것이 아니라 부교역자로 청년부를 섬길 때에도, 개척 이후 담임목사로 3040과 그 자녀들을 위해 목회를 하면서도 수적으로나 질적으로나 큰 부흥을 일으킨 찐 부흥사역자다. 지금도 3040이 다수를 이루는 매우 역동적인 교회, 하나님 나라가 작동하는 젊은 킹덤처치를 세워가고 있다. 진정한 전문가의 구구절절 도움되는 이 3040세대를 위한 사역매뉴얼과 같은 〈3040 심폐소생〉을 읽고 한국교회 3040 전체가 심폐소생술로 살아나길 기대한다.

김성겸 목사 (안산동산교회 담임 / 동산고등학교 이사장)

이 책을 읽기 시작했을 때는 오늘날 한국교회가 살아나기 위해 어떻게 3040세대를 품고 세워야 할지 사역의 방향과 방법론을 제시하는 책으로만 여겼습니다. 그러나 점점 읽을수록 이 책은 3040 성도들을 위한 위로와 소망의 메시지로 들립니다. 손병세 목사님이 지금까지 목회 현장에서 진심으로 사랑하며 섬겨온 성도들에 대한 깊은 이해와 공감을 기초로 책이 쓰였기 때문입니다. 나와 같은 사역자들은 '이 책의 어떤 내용을 우리 교회에도 적용해볼 수 있을까?'하는 생각이 앞서겠지만, 이 책을 읽는 3040세대 성도들은 손병세 목사님이 들려주는 이야기를 통해 '우리를 이렇게 이해해주는구나.'라고 느끼며 위로와 소망을 얻게 될 것이라고 생각합니다. 그래서 나는 이 책 〈3040 심폐소생〉을 읽으며, 먼저 나 자신부터 오늘날 우리 사회와 교회 안에 젊은 부부들을 얼마나 이해하고 공감하고 있는지 돌아보게 되었습니다. 이 책을 통해 수많은 교회와 사역자들이 3040세대를 단지 사역할 대상이 아닌, 사랑할 대상으로 바라보는 마음과 용기를 회복할 수 있기를 기대합니다.

권 호 교수 (합동신학대학원 설교학 교수 / 사랑의교회 협동목사)

손병세 목사님의 신간 〈3040 심폐소생〉을 받자마자 단숨에 읽었다. 저자의 3040 세대를 향한 불타는 사랑, 그리고 다시 그들이 교회의 중심으로 설 수 있기를 소망하는 마음이 이 책의 모든 부분에 스며있다. 책의 내용이 신선하고, 실천을 향한 도전이 꿈틀거린다. 이유는 간단하다. 저자가 현장에서 느낀 고민과 문제, 그리고 그것을 풀어가려는 성실한 연구, 탄탄한 이론, 무엇보다 실천 가능한 적용이 균형을 이루고 있기 때문이다. 이 책을 읽자마자 모든 독자가 마음이 뜨거워지면서, 사역의 방향이 명확해지는 것을 경험할 것이다. 한국교회의 허리, 그러나 점점 사라져가는 3040을 다시 살리기 위해 쓴 이 책이 너무도 귀하다. 지금 내가 속한 공동체에 3040 세대를 다시 부흥시키고 싶다면, 주저함 없이 이 책을 사서 탐독하라. 새로운 변화와 성장을 경험하게 될 것이다. 이 책을 통해 꺼져가는 3040 세대의 희망이 다시 타오르고, 그들을 통해 하나님의 공동체가 더 견고히 서갈 수 있음을 확신하며, 이 책을 적극 추천한다.

임도균 박사 (한국침례신학대학교 설교학 교수/한국복음주의실천신학회장)

〈3040 심폐소생〉은 조용히 교회를 떠날 수밖에 없었던 3040세대의 아픔을 진심으로 끌어안고, 그들의 꺼져가는 숨결에 다시 생명의 바람을 불어넣고자 하는 치열한 고민과 실천의 여정을 담은 책입니다. 삶의 한가운데서 시대의 무게를 감당하는 이들이 왜 교회를 떠났는지, 그리고 어떻게 돌아올 수 있을지를 목회 현장의 생생한 통찰과 실제 사례를 통해 풀어냅니다.

이 책은 단순한 현상 분석을 넘어, 지금 교회가 어디서부터 무엇을 바꾸어야 하는지를 구체적이고 실천 가능한 방식으로 제안합니다. 신앙을 지키기 위해 교회를 떠나야 했던 세대의 현실을 고백하며, 그들의 언어로 다시 연결되기를 간절히 소망합니다. 작고 실제적인 변화의 길, 그리고 한 사람을 품는 사랑이야말로 교회를 다시 숨 쉬게 할 열쇠임을 조용히 그러나 강력하게 전합니다. 예배와 공동체, 목회 구조의 재설계를 통해 3040세대가 사역의 주체로 세워지는 교회의 새로운 그림을 제시합니다. 특히 손병세 목사님의 아버지의 심정으로 써내려간 목회 여정은 깊은 감동과 공감을 안겨줍니다. 코로나 이후 점점 희미해진 교회의 심장을 다시 뛰게 하는 영적 심폐소생술이 되어 줄 이 책은, "지금, 여기서부터" 회복을 시작하려는 모든 교회에 실질적인 출발점을 제시합니다. 한국교회의 내일을 품는 모든 목회자와 리더들에게 꼭 권하고 싶은 시대의 필독서입니다.

이평강 교수 (큰숲목회연구소 소장 / 미드웨스턴신학교)

한국교회는 지금, 사회적 신뢰도 하락과 포스트모던 시대의 탈종교화라는 숙제 외에도 '수축사회'라는 엄연한 현실에 직면해 있습니다. 인구감소와 초경쟁 자본주의 사회로의 전환은 교회의 미래를 더욱 불확실하게 만듭니다. 이러한 상황에서 손병세 목사님의 3040세대를 향한 목회는 한국교회에 새로운 용기와 실질적인 통찰을 제공합니다. 〈3040 심폐소생〉은 단순히 더행복한교회의 지난 10년 목회 경험을 넘어섭니다. 이 책은 20여 년 전부터 셀 리더로서 2030세대 청년들을 예수의 제자로 세우고 섬겨온 손병세 목사님과 한선희 사모님의 헌신적인 사역이 맺은 귀한 결실이라 할 수 있습니다. 이 책을 읽는 목회자와 평신도들의 사역 현장과 가정에 하나님의 새로운 역사가 힘차게 일어나기를 간절히 기도합니다.

김영한 목사 (품는교회 담임 / Next 세대 Ministry 대표)

긴 겨울, 아무리 배가 고파도 농부는 씨앗을 먹지 않습니다. 그 씨앗을 뿌려야 수확할 수 있기 때문입니다. 지금 한국 교회는, 다음 세대를 일으켜 세워야 할 3040 세대가 무너지고 있습니다. 아니, 이미 대거 사라졌고, 여전히 사라지고 있습니다.

왜 이런 일이 벌어졌을까요?

이 책은 그 이유와 본질을 소상히 밝혀줍니다. 그런 점에서 〈3040 심폐소생〉은 이 시대의 귀한 3040 세대 '신앙 진단서'입니다.

그러나 이 책은 단순한 탁상공론으로 머무르지 않습니다.

저자는 오랫동안 다음 세대 사역에 헌신해왔고, 개척 교회 현장에서 3040 세대를 실제로 섬기며, 부흥의 열매를 맺은 사람입니다. 그의 글에는 이론이 아니라 현장의 증언과 살아 있는 통찰이 담겨 있습니다. 요즘 대안은 많지만, 실제로 열매 맺은 '부흥의 영업 비밀'을 나누는 사람은 많지 않습니다. 그러나 이 책은 바로 그 살아 있는 경험과 노하우의 나눔입니다.

오늘날 한국교회는, 특히 3040 세대와 다음 세대를 향한 '심폐소생술'이 절실히 필요한 상황입니다. 이 책의 목소리를 흘려들어서는 안 됩니다. 가슴에 새기고, 몸으로 옮겨야 합니다. 그렇지 않으면 우리는 머지않아 피눈물을 흘리게 될 것입니다.

다음 세대를 품고 싶은 모든 목회자와 교회 리더, 선교지의 사역자들은 이 책을 한 번이 아니라 두세 번 반복해 읽고, 각자의 현장에 깊이 적용해야 할 것입니다.

더행복한교회 O2-MG 리더 **이철규 & 이소아** 집사

손병세 목사님은 안산동산교회 18교구 블루오션 지역(3040세대 중심 지역)에서부터 3040세대와 다음세대를 위한 사명을 품고 사역해 오셨습니다. 그리고 2015년, 더행복한교회를 개척하며 그 사역의 꽃을 하나씩 피워가고 계십니다.

〈3040 심폐소생〉은 목사님의 꿈과 그 여정 가운데 함께하신 하나님, 더행복한교회를 통해 그 꿈을 하나하나 이루어가시는 하나님, 그리고 그 은혜의 이야기를 한국교회와 특별히 3040세대의 부흥을 꿈꾸며 기도하는 모든 성도들을 위한 책입니다.

더행복한교회의 하나님 나라 확장을 향한 꿈은 아직도 진행 중입니다. 개척 10년이 지난 지금, 사역의 중심은 3040세대를 넘어 4050세대로 확장되고 있습니다. 그동안 공동체 안에는 많은 변화가 있었고, 앞으로도 계속될 것입니다. 그러나 우리는 그 변화를 두려워하지 않습니다. 지난 10년간 하나님의 놀라운 은혜를 공동체 구성원 모두가 함께 경험했기 때문입니다.

많은 교회들이 3040세대가 어린 자녀를 양육하고, 직장에서 치열하게 살아가는 현실 속에서 예배를 드리는 것조차 벅차다고 말합니다. 교회 안에서 섬김은 더더욱 어렵다고 이야기합니다. 하지만, 이는 반은 맞고, 반은 틀린 말입니다.

3040세대에게 비전을 제시하고, 영혼을 향한 꿈을 품도록 이끄는 사역자!
성도들을 향한 사랑과 관심이 늘 언제나 끊이지 않는 사역자!
그들의 자녀와 부모, 형제자매를 위해 매일 무릎으로 중보하며 눈물로 기도하는 사역자!
그리고, '테바의 하나님'을 매일 삶으로 직접 보여주는 사역자!

그 사역자와 함께 하나님의 비전을 공유하고, 꿈꾸고 움직이는 리더들!
지쳐있는 3040세대들을 진심으로 응원하고 그들을 사랑으로 품는 리더들!

이들이 함께 하나가 된다면 3040새대들은 자연스럽게 스스로 하나가 되어 섬길 것입니다.

이제 이 글을 읽는 여러분이 움직일 차례입니다. 여러분을 응원합니다. 그리고 한국교회를 향한 하나님의 은혜와 3040이 다시 깨어나는 부흥을 함께 소망합니다.

더행복한교회 21-MG 리더 **이영천 & 신나희** 집사

숨이 멎은 자리에서 다시 심장이 박동하는 소리를 듣다.

40대 중반에 접어든 저는 주일마다 청소년실과 본당을 오가며 '신앙과 양육' 사이에서 자주 숨이 차곤 했습니다. 그런 저에게 담임목사님이신 손병세 목사님의 신간 〈3040 심폐소생〉은 제목부터 현실적 고민과 희망을 동시에 품게 만든 책이었습니다.

목사님은 "3040 세대가 신앙을 포기한 것이 아니라, 교회 제도를 숨쉬기 어려워한다"라고 진단하십니다. OTT 플랫폼처럼 "말씀과 공동체를 '취사선택'하는 시대"라는 설명에 고개가 절로 끄덕여졌습니다. MG리더와 셀리더를 하면서 만나는 교우들의 모습이 바로 이런 모습이었기 때문입니다. 개인화된 신앙, 생활밀착형 신앙을 추구하면서도 참된 교회와 마음의 연결을 갈망하는 3040 세대의 딜레마를 목사님이 정확히 짚어내신 것입니다.

이 책의 강점은 문제 제기에 머물지 않는다는 점입니다. '건강한 목회자-성도-공동체-삶'이라는 네 개의 고리를 통해 구체적인 대안을 제시하십니다. 특히 우리 교회가 본당을 초등부에 양보하고 어른들이

좁은 공간으로 옮긴 결정을 직접 경험한 저로서는, 이것이 '교회는 건물이 아니라 사람'임을 몸으로 증명한 용감한 결단이었음을 새삼 깨닫게 됩니다. 일상이 셀 공동체를 세우고, 셀이 친밀한 공동체를 만들며, MG가 건강한 공동체로 이어지는 유기적 구조를 리더로서 현장에서 체험하며, 이것이 이론이 아닌 살아있는 목회철학임을 확신하게 되었습니다.

무엇보다 이 책은 3040 세대에게 "교회로 돌아오라"는 단순한 호소가 아니라 "교회가 먼저 바뀌겠다"는 겸손한 선언으로 들립니다. 관계 중심의 사역 구조, 현실을 반영한 신앙 콘텐츠, 공감이 흐르는 예배 등 목사님이 제안하시는 '다시 설계되는 교회'의 모습을 우리 교회에서 실제로 경험하고 있는 저로서는, 이 모든 것이 목회자이자 동역자로 살아가시는 목사님의 진정성 있는 태도에서 나온 것임을 잘 압니다.

〈3040 심폐소생〉은 저처럼 3040 부부 셀을 인도하거나 다음세대 부모교육을 고민하는 모든 사역자들에게, 그리고 숨 가쁜 일상 속에서도 신앙의 맥박을 놓치고 싶지 않은 교우들에게 귀한 심장압박이 되어 줄 것입니다. 책장을 덮은 지금, 제가 섬기고 있는 셀 모임과 MG부터 '보고서' 대신 '삶 이야기'가 더욱 풍성히 흐르는 공간으로 다시 설계해 볼 것을 다짐합니다.

더행복한교회 H-MG 리더 **문홍균 & 이인애** 집사

이 책을 한 장 한 장 읽으며 담임목사님 부부와 우리가 함께 걸어왔던 걸음들이 새록새록 떠올랐다. 처음 우리 가정이 개척 멤버로 콜링을 받았을 때부터, 기쁘고 슬펐던 모든 순간에 담임목사님 부부께서 함께하시며 공감해 주셨던 시간들… 그리고 아이가 태어나고, 육아와 회사 일에 지친 우리가 셀 모임에서 쉼을 얻고 신앙을 지키며 버텨냈던 시간들.

이렇게 셀 공동체 안에 붙어 있으면서 우리 부부는 점점 믿음이 성장할 수 있었고, 이제는 새롭게 자라나는 가정들을 위해 기도하고 공감하며, 공동체를 살아 움직이게 하는 MG리더 부부로 섬길 수 있게 되었다.

이 책 〈3040 심폐소생〉의 모든 챕터는 실제 담임목사님의 사역과 목회가 현장에서 부딪히며, 눈물로 다듬고 사랑으로 닦아내며 인내로 숙성시킨 내용들이다. 이 글을 통해 생명의 호흡이 약해진 모든 공동체가 다시 심폐소생하여, 박차고 일어나 걷고 뛰게 되기를 소망한다.

더행복한교회 With-MG 리더 **조세민 & 박은희** 집사

손병세 목사님을 10년 가까이 지켜보며 함께 한 시간들이 있습니다. 책에 담긴 내용 중 일부는 직접 동참했던 기억이 있어 더욱 깊이 공감하게 됩니다.

우리는 10년 전 30대였고, 어느새 40을 지나는 나이가 되었습니다. 그때의 40대는 또다시 50을 향해 가고 있지요. 짧지만 결코 가볍지 않았던 그 시간을 돌아보며, 책에서 말하는 '끼인 세대'라는 표현이 유독 마음에 와 닿았습니다. 어디에도 온전히 소속되기 어려웠던 시기, 하나님을 만나는 것이 참 쉽지 않았던 그 시절을 떠올립니다.

어른이 된 줄 알았지만, 아직도 아등바등 살아가는 '어른아이'였던 우리 세대. 앞뒤로 나아가기 어려운 그 막막함 속에서, 목사님의 책 〈3040 심폐소생〉은 단순한 위로를 넘어 '영혼을 살리는 심폐소생술' 같은 하나님의 메시지로 다가옵니다.

읽는 내내, 그래도 잘 버텨왔다는 생각에 스스로를 조용히 토닥이게 되었습니다. 인간의 힘으로는 감당하기 힘든 시기를 지나오며, 건강한 공동체와 함께 걸어온 여정, 가족처럼이 아니라 진짜 가족이 되어가는 은혜의 동행이 분명히 있었습니다.

지금도 우리는 여전히 분투 중이지만, 그 발버둥이 또 한 번의 성장을 이뤄, 지금의 3040 세대가 더욱 깊고 자유롭게 숨 쉴 수 있는 은혜의 시간이 되길 소망합니다.

3040 세대에게 이 책을 진심으로 추천합니다.
이 책은, 진정한 '심폐소생술'입니다.

더행복한교회 플러스원-MG 리더 이경식 & 이은경 집사

책을 읽으며 지난 10년간 저희 가정의 시간을 되돌아보는 소중한 시간을 갖게 되었습니다.

흔들리고 불안하며, 이리저리 끼어 있는 30~40세대인 우리가 여전히 하나님과 친밀하게 지낼 수 있었던 비결은, '세 겹 줄은 쉽게 끊어지지 않는다'는 말씀처럼 삶과 예배, 공동체가 우리를 지탱해 주었기 때문이라는 것을 이 책을 통해 다시금 깨달았습니다.

인생의 어려움 속에서도 그 길을 혼자 걷지 않도록 곁에서 함께해 주신 목사님과 사모님, 그리고 저희 가정과 늘 함께했던 셀과 셀 리더들 덕분에 지금의 자리를 지킬 수 있었습니다.

　개인의 신앙이나 능력이 아니라, 함께한 공동체의 힘으로 지난 10년간 리더의 자리를 지켜올 수 있었음을 이 책 〈3040 심폐소생〉을 통해 다시 확인하게 되었고, 그 사실을 나눌 수 있음에 감사하고 기대가 됩니다.

　혹시 저와 같은 세대를 살아가며 사역하고 계신 분들, 혹은 외로움과 지침 속에서 누군가에게 털어놓고 싶지만 마땅한 이가 없어 막막한 분들이 있다면, 〈3040 심폐소생〉을 통해 도전받고 건강한 교회와 좋은 공동체를 만나는 은혜가 있기를 진심으로 소망합니다.

1부

**생활밀착형 신앙을
추구하는 3040**

30
40
―― 지금, 교회는 다시 숨 쉬어야 한다

**심폐
소생**

1장
애매한 정체성을 가진 3040

― 3040세대의 정의 ―

3040세대는 30세(1995년생)부터 49세까지(2025년 기준)의 연령층을 의미한다. 이들은 대한민국 사회와 경제의 중추적인 역할을 감당하고 있는 세대이다. 가정과 직장, 사회 전반에서 실질적인 영향력을 행사하는 세대이다. 동시에 이들은 기성세대(50대 이상)와 MZ세대(20대 이하) 사이에서 '가교 세대'로 자리 잡고 있으며, 변화와 안정, 전통과 혁신 사이의 균형을 모색하며 살아간다.

3040세대의 독특한 특징은 아날로그에서 디지털로 전환되는 역사의 흐름을 몸소 경험한 첫 세대이다. 이들은 스마트폰 이전의 세상을 기억하고 있으며, 동시에 AI, 메타버스, Web3와 같은 최신 디지털 기술도 능동적으로 수용할 수 있는 역량을 갖추고 있다. 그러나 완전한 디지털 네이티브는 아니기에, 모바일 중심의 업무방식에 있어서는 MZ세대와 다소 차이를 보이며, 아날로그적 감성과 방식을 여전히 부분적으로 유지하고 있다.

직장 내에서 3040세대는 중간 관리자이자 의사결정자, 팀장 혹은 임원으로서의 책임을 지닌다. 이들은 조직의 핵심 인력으로 자리매김하면서도, 상사와 후배 사이에서 세대 갈등을 조율해야 하는 '샌드위치 리더'로서의 역할을 수행하고 있다. 수직적인 문화 속에서 성장했지만, 이제는 수평적인 소통과 유연한 협업 방식을 익혀야 하는 상황에 놓여 있으며, MZ세대와의 문화적 격차를 줄이기 위한 노력을 기울이고 있다.

코로나19 팬데믹 이후에는 비대면, 재택근무 등의 유연한 근무 환경에 빠르게 적응하며, 일과 삶의 균형을 중시하는 '워라밸 세대'로 정체성이 재정립되었다. 이들은 더 이상 과거처럼 '출세'를 인생의 목표로 삼지 않는다. 그보다는 '안정'과 '지속가능성', '가족과의 시간'을 더욱 중시하는 경향을 보인다.

3040세대는 개인적인 인생 여정에서도 결정적인 전환기를 맞이한다. 청년기를 지나 기성세대로 진입하며, 결혼과 가정을 꾸리고 자녀를 양육하는 삶이 시작된다. 이는 곧 부모의 보호 아래에서 살아가던 삶에서 벗어나, 생존의 현실과 맞서야 하는 시기로 전환된다는 뜻이기도 하다. 이러한 변화는 정체성의 재구성뿐 아니라 심리적 혼란과 도전의 연속으로 이어진다. 개인의 신앙과 공동체에 대한 이해 또한 이 시기에 재편성되기 때문에, 교회는 이들의 복합적인 삶의 맥락을 깊이 이해하고 접근해야 할 필요가 있다.

「한국교회 트렌드 2024」 보고서 내용에 따르면, 3040세대는 직장에서의 불안정한 위치, 과중한 업무 부담, 그리고 가정 내 육아와 가사노동까지 감당해야 하는 이중·삼중의 역할 속에서 지쳐가고 있다.

이러한 삶의 현실은 자연스럽게 교회 활동에 대한 참여도를 낮추고, 이들을 신앙 공동체 내에서 '약한 고리'로 인식하게 만들기도 한다.[1] 특히 코로나19 팬데믹은 이들의 신앙과 교회 참여에 더 큰 간극을 만들어내며, 피로와 거리감 속에 교회로부터 멀어지게 하는 요인으로 작용했다.

그러나 이와 같은 외적 조건만으로 3040세대를 평가하기에는 분명한 한계가 있다. 이들은 부모세대의 전통적인 신앙훈련을 받으며 자라난 세대로, 신앙생활에 대한 이해와 교회 공동체의 본질에 대한 감각을 여전히 내면에 간직하고 있다. 즉, 교회가 무엇을 지향해야 하는지, 신앙이 어떤 방향성을 가져야 하는지를 분명히 인식하고 있는 세

---

1) 지용근 외 10명, 「한국교회 트렌드 2024」 (서울 : 규장, 2024), 138.

대인 것이다.

　그렇기 때문에, 3040세대는 교회가 다시금 신뢰를 회복하고 다음세대를 세워나가기 위해 반드시 붙들어야 할 '기둥과 같은 세대'이다. 이들이 교회를 떠났다고 해서 신앙까지 떠난 것은 아니다. 오히려 이들은 변화한 시대의 언어로 교회가 다시 새롭게 자리잡기를 바란다. 세상과 교회의 미래를 위한 연결고리이며, 공동체 회복의 핵심 동력이길 원한다.

● 교회 안에서의 3040

　세상에서의 3040이 힘든 시기이듯이 교회에서도 어려운 상황에 처해 있다. 어려운 상황을 극복하고 교회 미래의 중추적 역할을 감당할 수 있도록 도와야 한다. 교회는 3040을 포기할 수 없다. 아직 포기할 상황도 아니다. 이제부터 그들의 삶의 자리를 이해하고, 신앙의 공감대를 회복하며, 동역자로 세워나가야 할 시점이다.

　교회 안의 3040세대는 어떤 모습일까? 안타깝게도, 그들의 교회 안 모습은 사회에서의 현실과 크게 다르지 않다. 이들은 20대 청년부 시절의 뜨거움과 이상을 지나, 보다 진지하고 원숙한 신앙의 단계로 나아가는 전환기를 겪고 있다. 30대가 된다는 것은 더 이상 무비판적으로 쉽게 뜨거워질 수 있는 시기가 아님을 의미한다. 그러나 동시에, 흔들림 없는 자기고백적 신앙 위에 굳건히 서기에는 여전히 삶의 다양

한 경험과 훈련이 필요한 시기이기도 하다.[2]

여기에 더해지는 것은 현실의 무게다. 직장에서의 불안한 위치, 점점 늘어나는 업무량, 가정에서는 육아와 가사에 대한 끊임없는 책임감, 교회에서 맡겨진 봉사 등의 가중 등이 이들을 신앙생활에서 점점 멀어지게 만든다. 영혼의 안식을 위한 주일에 교회에 나와도 어린 자녀들을 돌보느라 예배에 온전히 집중하기 어렵다. 공동체 모임이나 봉사에도 적극적으로 참여하기 힘든 상황이 반복된다.

싱글들은 또 다른 이유로 위축된다. 결혼에 대한 압박과 교회 공동체 안에서 느껴지는 미묘한 시선, 비교와 기대는 그들의 신앙을 사적으로 고립시키고, 활동의 폭을 좁혀버린다. 결국 3040세대는 교회 안에서도 '보이지 않는 침체기'를 겪는 중이며, 이는 단순한 의지의 문제가 아니라 구조적, 심리적 현실에서 비롯된 신앙의 과도기라 할 수 있다.

3040세대는 신앙의 중간지대에서 방황하고 있다. 그들은 아직 떠나지 않았지만, 온전히 붙잡히지도 않은 상태로, 조용히 신앙의 온도가 식어가고 있는 것이다. 교회는 이들의 침묵을 방치해서는 안 된다. 교회는 먼저 이들의 자리와 언어를 이해할 때, 3040세대는 다시 교회의 중심에서 살아 숨 쉬는 세대로 일어설 수 있을 것이다.

---

2) 이현철 외 6명, 「한국교회 3040 트렌드」 (서울 : 생명의 양식, 2024), 29.

- 끼 세대의 정체성 -

3040세대는 이 시대의 전형적인 '낀 세대'이다. 경제적으로나 사회적으로 가장 활발하게 활동하고 있는 중추 세대임에도 불구하고, 그 누구로부터도 충분히 보호받지 못하고 있다. 이들은 위로는 부모세대인 베이비붐 세대(5060세대)를 부양하고, 아래로는 1020세대 자녀의 성장과 교육을 책임져야 하는 이중 부담 속에서 살아간다. 양 세대를 동시에 감당해야 하는 구조 속에서 3040세대는 피로를 호소하고 있으며, 사회적 책임과 개인적 희생이 공존하는 시대적 짐을 지고 있다.

디지털 환경 속에서도 3040세대는 여전히 중간자적 위치에 서 있다. 이들은 아날로그에서 디지털로의 전환 과정을 온몸으로 겪은 세대로, 카세트테이프와 CD에서부터 MP3, 스트리밍으로 이어지는 음악 소비 방식의 변화를 직접 체험했고, 컴퓨터와 스마트폰, SNS, 클라우드 환경을 익숙하게 사용하는 능력도 갖추고 있다. 그러나 1020세대처럼 태어날 때부터 디지털 기술에 익숙한 '디지털 네이티브'는 아니기에, 앱 기반의 UX·UI에 대해선 상대적인 한계를 느끼기도 한다. 디지털 전환을 주도하기보다는 과도기적 위치에서 '디지털 적응자'로 살아가고 있는 것이다.

직장 문화 속에서도 이들의 '끼인 정체성'은 그대로 드러난다. 종이 문서와 이메일 중심의 업무 방식에서 자란 이들은 이제 구글 드라이브, 노션, 슬랙과 같은 협업 도구를 익히며 새로운 시스템에 적응해야 한다. 3040세대는 변화의 흐름을 이끌기도 하지만, 동시에 구세대의 문화를 붙잡고 있는 이들과 신세대의 디지털 주도적 흐름 사이에서 조율자의 역할을 해야 하는 부담을 안고 있다.

사회적 위치는 책임을 요구하지만, 정치적·문화적 갈등의 중심에 서 있는 이 세대는 좌우 양극단의 논쟁에서도 자주 소외되거나, 때로는 두 세대의 충돌 속에서 애매하다는 오해를 받는다. 한편에서는 MZ세대를 향해 '충실, 절실, 성실'이 부족하다고 비판하지만, 그 기준 자체가 시대착오일 수 있다. 김성회는 그의 저서에서 "MZ세대는 고민 없이 사는 것이 아니라, 단지 목표와 방향이 다를 뿐"이라고 말한다. 그들은 출세보다 성장, 조직보다 일 자체의 의미, 양보다 질을 추구하는 세대다. 이를 제대로 이해하기 위해서는 '전념'이라는 개념조차 새롭게 정의되어야 한다. 3)

결국 3040세대는 시대 변화의 허리에 서서 양 방향을 모두 바라보아야 하는 세대다. 전통과 혁신, 책임과 갈등, 디지털과 아날로그가 겹쳐진 이 과도기의 세대는 결코 단순히 '끼인 세대'로 치부되어서는 안 된다. 오히려 이들의 유연성과 다층적 사고는, 세대 간 다리를 놓고 새로운 문화를 창조할 수 있는 중요한 열쇠가 될 수 있다.

---

3) 김성회, 「샌 세대, 낀 세대, 신세대 3세대 전쟁과 평화」 (서울 : ㈜쌤앤파커스, 2020), 96.

사회에서 이중, 삼중의 역할을 감당하는 3040세대는 교회 안에서도 '끼어 있는 세대'로 존재한다. 과거 20대 청년부 시절의 열정과 순수는 점점 사그라지고, 진지하지만 피로한 신앙의 여정이 시작된다. 주일 예배에 참석하더라도 어린 자녀를 돌보느라 예배에 집중하기 어렵고, 소그룹이나 공동체 모임에 지속적으로 참여하기란 현실적으로 쉽지 않다.

3040세대 싱글은 더 외롭다. 결혼과 연애에 대한 사회적 압박과 교회 공동체 안에서 느끼는 미묘한 시선은, 이들이 신앙공동체에 깊이 뿌리내리는 것조차도 주저하게 만든다. 삶의 책임은 커졌지만, 영적 공급은 점점 희미해지는 구조 속에서 이들은 조용히 신앙의 온도를 잃어가고 있다.

더욱이 정치적, 사회문화적 담론 속에서 3040세대는 자주 외면 받는다. 정책은 청년과 노년층 중심으로 설계되고, 대중 매체나 여론은 MZ세대와 기성세대의 목소리로 채워진다. 정작 3040세대는 어디서도 뚜렷하게 대변되지 못한 채, 세대 간 충돌의 경계선에서 고립되어 있다. 교회 또한 이들의 삶의 무게와 현실을 충분히 이해하거나 응답하지 못한 채, 단순한 참여율과 봉사도를 기준으로 그들의 신앙을 평가하고 있을지도 모른다.

그러나 3040세대는 결코 교회를 떠난 세대가 아니다. 오히려 그들은 지금도 신앙을 지켜내기 위해 치열하게 분투하고 있다. 이들은 기성세대의 신앙 전통을 경험했고, MZ세대의 새로운 감수성을 이해할 수 있는 유일한 다리이기도 하다. 양 세대의 언어를 이해하고, 전통과 혁신 사이의 균형을 감각적으로 조율할 수 있는 유연성과 통합력을 지닌 세대가 바로 3040이다.

이러한 세대가 교회의 중심에서 사라진다면, 한국교회의 미래도 함께 흔들릴 수밖에 없다. 지금 교회는 이들의 소극성을 판단하기보다, 그들이 감당하고 있는 현실의 무게를 먼저 이해해야 한다. 그리고 그들의 자리에서, 그들의 언어로 응답하는 교회가 되어야 한다. 3040세대는 하나님의 부르심을 잊은 세대가 아니다. 다만 지금은 누군가 그 자리를 인정해주고, 그 짐을 함께 들어줄 누군가를 기다리고 있을 뿐이다.

- 이도 저도 아닌 '애매한 자리' -

3040세대는 교회 안에서 정체성이 애매한 '낀세대'다. 청년부를 졸업했지만 장년부에 자연스럽게 안착하지는 못했고, 자녀 양육과 가정 책임을 짊어진 삶의 무게는 장년 못지않지만, 정작 교회는 이들을 위한 '맞춤형 사역'을 제대로 마련하지 못한 채 방치하고 있다. 이들은 청년 사역에서는 "이제는 넘은 사람들", "관리 대상이 아니다"는 이유로 자연스럽게 제외되고, 장년 사역에서는 "아직은 어린 사람들", "기성 리더들과 어울리기엔 이른 세대"로 인식된다. 그 결과, 3040세대는 청년부에서도, 장년부에서도 주인공이 될 수 없는 구조 속에 갇힌다.

필자가 섬기고 있는 교회에서 외부 단체의 검증된 사역 프로그램이 열린 적이 있었다. 오랜 역사와 수많은 간증으로 입증된, 참으로 귀한 프로그램이었다. 내용도 훌륭했고, 열정도 가득했다. 하지만 한 가지 아쉬움이 있었다. 그것은 젊은 세대를 향한 고려가 부족했다는 점이다.

3040세대는 지금 이 시대의 가장 복잡한 일상을 살아가고 있다. 직장과 육아, 교육과 생계, 감정노동과 인간관계가 한꺼번에 삶 속으로 밀려든다. 삶의 리듬이 다르고, 여유의 패턴이 다르고, 집중할 수 있는 시간의 밀도도 다르다. 하지만 이 프로그램은 그런 3040세대의 삶의 흐름을 충분히 반영하지 못한 채, 기존 방식 그대로 운영되었다. 내용은 여전히 귀했지만, 운영 방식은 다소 권위적이고 전통적인 형태를 그대로 유지했다.

물론 프로그램을 주관한 스태프들의 입장에서는 늘 그렇게 해 왔고, 그 방식 안에서 많은 열매를 경험했기에 별다른 문제를 인식하지 못했을 것이다. 그러나 3040세대의 시선은 달랐다. 기대감을 가지고 참여했던 젊은 부부들과 청년들에게 이 프로그램은 공감되지 않는 구조와 언어, 지속하기 어려운 방식으로 다가왔다. 결국 첫 주가 지나면서 일부의 멤버들이 포기했고, 끝까지 수료한 인원은 절반 정도에 불과했다.

결국 좋은 내용을 품고 있었음에도 불구하고, 많은 이들에게는 마음에 남지 않는, 부담스러웠던 경험으로 기억되었다. 이 사건을 통해 필자는 다시금 확신하게 되었다. 내용만으로는 충분하지 않다. 전달 방식과 구조, 운영의 언어가 젊은이들에게 맞춰져야 한다. 특히 3040세대를 향한 사역은, 그들의 삶의 리듬과 감정선, 일상의 구조를 이해하고 반영할 때, 비로소 그 마음에 닿을 수 있다.

이는 단적인 예일 뿐이다. 한국교회에서 3040세대는 여전히 중요하지만 애매한 위치에 놓여 있다. 3040세대는 자녀, 부모, 직장 그리고 교회 봉사까지 감당해야 한다. 힘든 신앙생활을 해야 하는 이들에게 교회는 현실을 충분히 이해하거나 반영하지 못하고 있다. 교회는 준비되지 않은 리더십, 의무적인 봉사, 막연한 헌신을 먼저 앞세운다. 청년 사역의 혜택은 사라졌고, 장년 사역에서는 부담만 가중된다. 이런 암울한 현실에서 이들은 점점 침묵하거나, 거리를 두거나, 교회를 떠나는 선택을 하게 되는 것이다.

결국 3040세대는 청년부에서 외면당하고, 장년부에서 부담을 떠안는 세대가 되었다. 교회 안 어디에도 온전히 소속되지 못한 이들의 현실은, "배려보다 기대가 앞서는 교회 구조", "이해보다 요구가 앞서는 목회 방식"속에서 더욱 고통스럽다. 그들은 그렇게 원하지 않는 교회를 떠나고 있다.

교회는 이제 묻고 성찰해야 한다. "우리는 이 세대를 정말 이해하고 있었는가?", "우리는 이들을 위한 진짜 자리를 마련해 주었는가?"

그리고 이들이 숨쉴 수 있는 대안을 마련해야 한다.

- 압축된 생애주기 -

최근 서울의 한 교회에서 진행된 목자 세미나를 마친 뒤, 젊은 부부 리더들과 차를 나누며 교제하던 중, 한 부부가 조심스럽게 입을 열었다.

"사실 여러 상황 상 목자로 섬기는 게 쉽지는 않은데, 담임목사님 과의 관계 때문에 억지로 맡고 있는 거예요. 그만두겠다고 하면, 어른들은 꼭 '우리는 옛날에 다 했어, 그래서 지금의 교회가 있는 거야'라고 하시거든요…"

그들의 말엔 공감과 동시에 깊은 피로가 묻어 있었다. 물론 이전 세대가 헌신과 수고로 교회를 세웠고, 그 희생 덕분에 지금의 공동체가 존재한다는 사실은 부정할 수 없다. 그러나 지금의 3040세대가 살아가고 있는 현실은, 그때와는 전혀 다르다. 이제는 대부분 맞벌이 부부이고, 자녀 교육은 입시 경쟁과 사교육의 정글 속에서 벌어지고 있다. 하루는 24시간이 아닌 30시간처럼 돌아가며, 그 속에서 교회 봉사까지 감당해야 하는 삶은 그 자체로 압박이다.

3040세대는 한국 사회에서 가장 많은 역할을 동시에 감당하는, 이른바 '다중 책무 세대'다. 가정을 돌보며 배우자와 자녀를 책임지고, 부모 세대의 건강과 노후까지 챙겨야 한다. 직장에서는 끊임없는 성과 압박과 리더십 책임이 주어지고, 그 와중에 자녀 교육이라는 또 하나의 전쟁이 기다리고 있다. 입시, 사교육, 돌봄, 정보 격차 등등 모두 이 세대의 어깨 위에 놓인 무거운 짐이다.

문제는 이러한 삶의 복잡성과 과중함을 교회가 얼마나 이해하고 있느냐는 것이다. 이들의 하루는 숨 가쁘다. 출근 전 아이를 어린이집에 데려다주고, 퇴근 후 학원 픽업과 숙제 확인, 저녁 준비와 뒷정리까지 마쳐야 겨우 숨을 돌릴 수 있다. 그 와중에 걸려오는 한 통의 전화, 혹은 갑작스레 잡힌 교회 일정 하나가 삶 전체를 흔들 수 있다. 이런 상황에서 교회는 여전히 "주일예배는 빠지면 안 됩니다", "셀모임은 꼭 참석하세요", "사역에 헌신하세요"라고 요구한다. 3040세대는 그 요구 앞에서 죄책감보다는 단절감을 느낀다. 신앙이 필요하지 않아서가 아니라, 숨 쉴 여유조차 없는 현실 속에서 '신앙을 어디에 담을 수 있을지' 막막하기 때문이다. 게다가 이 압축된 삶은 몇 달짜리 단기전이 아니다. 최소 10년, 길게는 20년간 이어질 장기 레이스다. 그렇기에 지금 이 세대에게 필요한 것은, "왜 예배 안 나오느냐"라고 추궁하는 손가락이 아니라, "지금도 잘 버티고 계시네요"라고 말해주는 공감과 이해의 손길이다. 교회 출석이나 봉사 시간으로 신앙을 재는 잣대가 아니라, 삶 한가운데서 하나님을 어떻게 붙들며 살아가고 있는지를 알아주고 함께 걸어주는 동행형 공동체가 절실하다.

3040세대는 게으른 세대가 아니다. 신앙을 포기한 세대도 아니다. 그들은 지금도 여전히 믿고 있고, 기도하고 싶고, 예배에 참여하고 싶은 마음을 품고 있다. 단지, 가정과 직장과 교육이라는 삼중 과부하 속에서 그 신앙을 지키며 "기도해야 하는데…", "예배 나가야 하는데…", "하나님께 붙들려 있어야 하는데…" 라는 간절한 마음으로 현실과 믿음 사이의 균형을 붙들고 있는 중이다. 교회는 이들의 신앙을 판단하거나 의심할 것이 아니라, 그들의 '신앙을 지키려는 분투' 자체를 존중하고 격려해야 한다.

2장
신앙을 소비하는 3040

- 입맛따라 신앙을 선택한다 -

오늘날 3040세대의 신앙 양태를 설명하는 데 있어 'OTT(Over The Top) 크리스천'[4] 이라는 용어는 매우 적절한 시사점을 제공한다. OTT 플랫폼은 더 이상 방송국 편성표에 의존하지 않는다. 시청자는 넷플릭스, 웨이브, 티빙, 유튜브 등 다양한 플랫폼을 통해 자신이 원하는 시간에 원하는 콘텐츠를 골라 보는 소비 방식에 익숙해졌다. 가족 단위의 시청 습관도 달라졌다. 예전처럼 정해진 시간에 정규 방송을 기다려 보

---
4) 이현철 외 6명, 「한국교회 3040 트렌드」 (서울 : 생명의 양식, 2024), 32.

는 대신, 바쁜 일상 속에서 휴일이나 저녁 시간에 몰아서 드라마를 보거나, 특정 콘텐츠만 골라 보는 것이 일반화되었다.

이러한 소비 트렌드는 이제 단순한 미디어 이용 습관을 넘어, 신앙생활에도 그대로 반영되고 있다. 신앙의 중심축이 교회와 공동체에서 개인의 상황과 필요로 옮겨가고 있는 것이다. 누군가는 예배만 참여하고, 누군가는 온라인으로 예배를 대체하며, 어떤 부모는 자녀만 교회학교에 보내는 방식으로 신앙을 '취사선택'하고 있다. 교회에서 일방적으로 제공하는 예배, 설교, 봉사, 공동체 활동을 온전히 따르기보다는, 자신의 삶의 일정과 여건에 따라 필요한 것만 골라 실천하는 맞춤형 신앙, 곧 '셀프 신앙시대'가 열린 셈이다.

이러한 흐름은 「트렌드코리아 2025」에서 제시한 '토핑경제(All About the Toppings)'와도 맞닿아 있다. 토핑경제란, 동일한 제품이라도 어떤 재료로, 어떻게 꾸미느냐에 따라 완전히 다른 상품이 되는 소비문화를 말한다. 예를 들어, 같은 도우로 만든 피자라도 어떤 토핑을 얹느냐에 따라 전혀 다른 피자가 되고, 가격도 달라진다. 소비자는 창의적 선택을 통해 제품을 자기화하고, 기성품은 더 이상 완성형이 아니라 기본형이 된다. 신앙생활도 마찬가지다. 동일한 복음과 예배라 하더라도, 무엇을 더하고 무엇을 뺄지에 대한 선택권은 이제 철저히 개인의 손에 달려 있는 시대가 된 것이다.[5]

---

5) 김난도 외 9명, 「트렌드코리아 2025」 (서울 : 미래의 창, 2024), 179 ~ 182.

종교사회학자 로버트 우스노우(Robert Wuthnow)는 이러한 시대적 흐름을 'DIY(Do It Yourself) 종교'라 명명했다. 기존의 전통적 교리를 수동적으로 수용하는 것이 아니라, 자신의 필요와 선호에 따라 조립하고 변형하는 방식으로 신앙을 구성한다는 것이다. 이것이 바로 'OTT 크리스천'의 본질이다. [6]

이러한 이들에게 있어서 중요한 것은 스스로 성찰할 수 있는 종교적 예식이다. 틀에 짜여서 휘몰아치듯이 이어지는 예배의 형식도 아니고 말씀의 강요로 나타나는 설교 중심의 예배도 아니다. 이들이 원하는 것은 침묵과 묵상이 동반된 예전형식의 예배나 자유로운 분위기에서 공동체를 경험할 수 있는 예배이다. 이들은 이 가운데서 스스로 성찰하고 묵상할 수 있는 기회를 얻고자 하는 것이다. 요즘 한국에서 성장하고 있는 가톨릭도 결국 이러한 현대인들의 영적 욕구에 응답되어진 것이다. [7]

OTT 크리스천이 추구하는 것에서 가장 큰 거침돌은 구태의연한 설교이다. 성도들의 의식은 성장하고 성경에 대한 지식은 다양한 곳에서 섭취되고 있는데 목사들의 설교는 과거의 패턴에서 벗어나지 못하고 있다. 긍정적 사고, 축복의 선언, 구원의 확신에 대한 강요, 성도들의 삶이 고려되지 않는 일방적 선포 등으로 대변되어질 수 있는 개신교회의 설교는 자신의 종교를 만들어 놓은 성도들에게는 거침돌이 될

---

6) 이현철 외 6명, 「한국교회 3040 트렌드」(서울 : 생명의 양식, 2024), 32 ~ 33.
7) 조성돈, 정재영 엮음 「그들은 왜 가톨릭 교회로 갔을까?」(서울 : 예영 커뮤니케이션 2007), 3장 참조

뿐이다. 더군다나 남북문제나 정치적으로 민감한 사안에 부닥쳐서 나오는 설교자들의 강요는 자신들의 의견을 만들어 놓은 성도들에게 오히려 큰 반발을 만들어 내기도 한다.

가나안 성도의 중요한 특징은 이성적 신앙을 추구한다는 것이다. 무조건 믿는 신앙이 아니라 이성적으로 따져보고 이해하면서 믿겠다는 특징을 가지고 있다. 그렇기 때문에 스스로는 오히려 신앙적 우월성마저 보이고 있는 것을 볼 수 있다. 목회자들의 지적 수준을 논하고, 비합리적인 목회의 형태에 대해서 지적을 하는 것을 볼 수 있다. 그러다 보니 교회라는 조직에 마음을 상하면서까지 나가기가 어렵다는 것이다.

- 원칙은 갈망하지만, 통제는 거부한다 -

필자가 섬기고 있는 교회는 대부분이 3040세대로 구성되어 있으며, 교회 개척 2년 차부터 지금까지 10년 동안 '하나님나라 제자훈련'을 꾸준히 진행하고 있다. 이 훈련은 단순한 교육이 아니라, 신앙의 본질을 함께 고민하고 삶 속에서 실천해보는 여정이다. 6개월이라는 시간 동안 성도들은 미리 예습을 하고, 함께 모여 강의를 듣고, 질문을 던지고, 각자의 깨달음과 고민을 함께 나눈다. 이 과정에서 매번 놀라게 되는 사실이 있다. 바로 3040세대가 결코 신앙의 본질을 가볍게 여기지 않는다는 점이다.

6개월 과정의 훈련을 마친 후에도 다음 기수에 다시 참여하기를 자청하는 성도들이 적지 않다. 어떤 이들은 세 번, 네 번씩 반복해서 훈련에 참여하며 말씀을 더 깊이 이해하고, 삶에 적용하려는 열정을 보인다. 신앙의 열정이 있으므로 이렇게 말한다. "우리는 진리를 알고 싶다. 하나님의 뜻을 분별하고 따르며 살고 싶다."

3040세대는 단지 지쳐 있을 뿐이지, 신앙을 외면하고 있는 것이 아니다. 일과 가정, 육아와 생계의 압박 속에서 삶에 치이고 있을 뿐, 신앙의 본질에 대한 열정은 여전히 그들 안에 살아 있다. 문제는 그들의 진지한 갈망이 자연스럽게 교회 공동체의 참여로 이어지지 않는다는 데 있다.

그들은 진리를 사모하지만, 교회 안에서 불필요한 책임과 고정된 관행, 일방적인 헌신 요구로 변질되어 다가올 때 공동체 참여 자체를 유보하거나, 아예 거리를 두는 선택을 한다. "하나님은 분명히 계시다. 다만 내가 지금 있는 이 삶에서 그분의 뜻을 더 분명히 알고 따르고 싶다."는 훈련 중 자주 듣는 3040세대의 이 고백은 신앙의 갈망이 여전하다는 증거이자, 그 갈망이 교회라는 제도에 의해 받아들여지지 않고 있다는 현실의 반영이기도 하다.

그들은 신앙을 포기한 것이 아니다. 3040세대는 무신론자도, 방관

자도 아니다. 다만 지금의 교회 구조와 방식 안에서 진리를 깊이 살아낼 수 없다고 느끼고 있을 뿐이다. 그들은 말씀을 사모하고, 삶의 방향을 구하며, 하나님 앞에서 바르게 살고자 하는 진지한 신앙의 중심을 잃지 않고 있다. 그러나 그 중심이 공동체와 충돌하거나, 공동체 안에서 무시되거나, 피로하게 강요될 때, 그들은 결국 진리를 지키기 위해 공동체를 거부하는 선택을 한다.

- 디지털 시대에 맞는 신앙을 추구한다 -

3040세대는 이제 교회에 소속되기보다, 신앙을 소비하는 방식으로 살아간다. 이들에게 신앙은 하나의 콘텐츠이며, 선택 가능한 정보이자 경험의 대상이다. 과거처럼 교회에 충성하고 목회자를 중심으로 한 공동체에 묶여 살아가는 방식을 취하지 않는다. 자신의 취향, 상황, 감정에 따라 '골라 듣고, 골라 보는 신앙'을 실천하고 있다. OTT 플랫폼을 통해 영화나 드라마를 골라보듯, 이들은 유튜브에서 설교를 선택하고, 팟캐스트에서 말씀을 선택해 듣고, 인스타그램과 블로그를 통해 묵상의 방향을 잡는다. 이들에게 있어서 교회는 더 이상 유일한 신앙 공급처가 아니다. 신앙 콘텐츠는 이제 '디지털 시장'에 넘쳐나고 있고, 3040세대는 그 안에서 자신에게 맞는 메시지를 소비한다.

3040세대는 디지털 환경에 가장 익숙한 첫 세대이자, 비대면 문화에 빠르게 적응한 중간세대다. 이들은 유튜브, 블로그, 온라인 커뮤니티를 일상처럼 활용하며, 신앙생활에서도 더 이상 오프라인 중심의 활동만을 고집하지 않는다. 실제로 많은 3040세대는 현장 예배보다 유튜브 설교를 더 자주 듣고, 교회 내 소모임보다 SNS나 온라인 커뮤니티에서 더 깊은 위로와 신앙적 통찰을 얻는 모습을 보이고 있다. 말씀을 듣고, 기도하고, 신앙적 성장을 도모하는 방식이 더 이상 '교회 중심'이 아닌 '디지털 분산형 구조'로 이동한 것이다.

　이러한 흐름은 필자가 섬기고 있는 교회를 통해서도 확인된다. 코로나 팬데믹 이전까지만 해도 교회의 유튜브 채널 구독자는 70여 명에 불과했다. 그러나 팬데믹 이후 온라인 예배가 일상화되면서 약 650명 가까이 구독자가 증가했다. 이는 단순한 수치의 변화가 아니라, 3040세대가 디지털 기반의 예배와 신앙 콘텐츠를 더 편안하게 받아들이고 있으며, 온라인으로 신앙을 이어가는 것이 익숙해졌다는 명확한 증거다.

　결국 3040세대는 교회를 외면한 것이 아니라, 자신들의 삶의 리듬에 더 잘 맞는 방식으로 신앙을 이어가고 있는 것이다. 그리고 그 방식은, 지금 이 시대의 언어인 디지털 콘텐츠와의 연결성 속에서 더욱 강하게 작동되고 있다.

예배와 설교, 찬양과 묵상은 더 이상 시간과 장소에 얽매이지 않는다. '정해진 시간에 한 공간에 모여야 하는' 예배의 개념은 무너지고, '내 시간에, 내 공간에서, 내 감성에 맞게' 소비할 수 있는 신앙 콘텐츠가 신앙생활의 중심이 되었다.

이러한 환경 속에서 3040세대는 신앙을 공동체 중심의 고백과 헌신이 아닌, 개인 중심의 선택과 경험으로 정의하고 있다.

그들은 말한다.

"굳이 교회에 가지 않아도 말씀은 들을 수 있어요."

"꼭 정해진 시간에 예배드리지 않아도, 저는 매일 하나님과 연결돼 있어요."

"이 목사님 설교는 위로가 되고, 저 분 설교는 도전이 되니까 필요에 따라 들어요."

신앙의 본질에 대한 갈망이 없어서가 아니라, 그 갈망을 채우는 방식이 이제 공동체 중심에서 벗어나 디지털 기반의 맞춤형 신앙 구조로 옮겨가고 있는 것이다. 3040세대는 더 이상 "가까운 교회", "가족이 다니는 교회", "소속된 교회"를 무조건 선택하지 않는다. 이들은 말씀 스타일, 예배 분위기, 찬양의 감성, 교회의 색깔을 면밀히 비교한 후 자신에게 가장 잘 맞는 교회를 '선택'한다.

이때 그 기준은 매우 다양하다.

설교자의 언어가 현대적인가? 찬양이 감성적인가, 무겁지 않은가? 공동체 문화가 강요적이지 않은가? 자녀교육 시스템이 신뢰할 만한가? 예배와 프로그램이 내 시간에 맞게 유연한가?

이제 교회는 '신앙 공동체'이기 이전에 '신앙 플랫폼'으로 평가받고 있으며, 3040세대는 이러한 플랫폼 중에서 자신의 라이프스타일에 가장 적합한 곳을 고르고 있다. 그러나 많은 교회는 여전히 묻는다.

"요즘 젊은 세대는 왜 예배에 안 나오지?"
"왜 공동체를 외면하지?"
"왜 혼자만의 신앙을 고집하지?"

그러나 그 질문에 대한 답은 이미 나와 있다. 3040세대는 신앙을 버린 것이 아니라, 이제 교회가 아닌, 다른 경로로 신앙을 공급받고 있다는 것이다. 그들은 단지 더 이상 기존의 교회 방식이 자신에게 맞지 않는다는 것을, 디지털이라는 언어와 경험을 통해 행동으로 표현하고 있을 뿐이다.

3040세대가 신앙을 디지털로 소비한다고 해서 그들이 공동체 자체를 부정하는 것은 아니다. 오히려 그들은 의미 있는 공동체를 갈망한다. 단지 지금의 교회가 의미 없게 느껴지기 때문에 대체 가능한 디지털 방식으로 움직이고 있다.

이제 교회는 단순히 디지털 콘텐츠만을 만드는 데 그치지 말아야 한다. 3040세대가 연결될 수 있는 언어, 구조, 감성을 가진 공동체로 변화해야 한다. 디지털은 도구일 뿐, 결국 사람을 살리는 것은 콘텐츠가 아니라 관계이고, 플랫폼이 아니라 사랑이기 때문이다.

3장
참된 교회를 바라는 3040

- 공감하는 교회를 원한다 -

3040세대와의 목회 여정에서 자주 듣는 말이 있다.

"목사님은 목사 같지 않아서 좋아요."

이 말 속에는 단순한 농담이 아니라, 권위주의를 내려놓은 목회자에 대한 환대와 신뢰가 담겨 있다. 그들은 종종 덧붙인다. "권위적이지 않은데, 말씀이 선포될 때는 권위가 있어서 더 좋습니다."

이는 필자가 오랫동안 지켜온 목회 철학과 맞닿아 있다. 진짜 권위는 강단에서 하나님의 말씀을 전할 때 나타나는 것이고, 강단을 내려

온 이후에는 그 누구보다도 성도들과 동일한 위치에서 살아가는 인격체여야 한다는 믿음이다. 목회자는 설교자이기 이전에 먼저 성도가 되어야 하며, 함께 걷는 동행자이자, 아픔을 나누는 친구가 되어야 한다. 이런 철학을 가진 것은 특히 위계적 구조와 권위적 태도에 대한 거부감이 강한 3040세대의 특성이 한 몫 했다. 이들은 목회자의 권위가 직함이나 연륜에서 비롯되기를 바라지 않는다. 오히려 그 권위는 삶 속에서 함께 땀 흘리고, 기꺼이 낮아지는 태도에서 비롯될 때 더 크게 작용한다.

3040세대 성도들은 고백한다. 과거 교회에서 만났던 목회자들 중에는 권위적이기에 강압적이었다. 거리감이 큰 것은 물론 때로는 두려움의 대상이었다. 그들의 설교는 훌륭했지만, 그 삶은 멀게만 느껴졌다. 따뜻한 공감 대신 냉정한 판단의 심판자였다.

오늘날의 목회자와 목회는 달라야 한다. 성육신의 방식, 곧 낮고 가까이 다가가는 삶이 목회자의 본질이어야 한다. 그럴 때, 목회자는 더 이상 위에서 지시하는 관리자가 아니라, 삶 속으로 들어온 하나님의 사람, 진심으로 공감하는 동행자가 된다.

3040세대는 더 이상 지시와 명령, 충성과 헌신만으로 움직이지 않는다. 그들은 공감과 이해가 될 때 교회에 충성한다. 진심 어린 관계 안에서만 자발적 참여와 헌신을 한다. 즉, 구조가 이끄는 교회가 아니라 관계가 살아 있는 교회, 강압하는 공동체가 아니라 공감으로 품는 공동체를 갈망하고 있는 것이다.

이 세대는 이미 삶의 여러 영역에서 끊임없는 요구와 압박을 받고 있다. 직장에선 성과와 효율을 요구당하고, 가정에선 육아와 경제적 책임을 짊어지고 있으며, 사회적으로도 끊임없이 비교당하고 평가받는 환경에 놓여 있다. 그런 이들이 교회에 왔을 때까지도 "이건 꼭 해야 합니다", "이 시간엔 반드시 참석해야 합니다", "이 정도는 헌신해야 합니다"라는 식의 요구와 압박을 마주할 경우, 그곳은 쉼이 있는 영적 안식처가 아니라 또 하나의 과로 현장이 되어버린다.

이러한 현실을 보여주는 실제적인 사례도 적지 않다. 한국기독교 목회자협의회가 발표한 「2021교회탐구보고서」에 따르면, 30~40대 신자들 중 상당수가 "교회가 나의 삶과 고민을 이해하지 못하며, 실제적인 도움이 되지 않는다"라고 응답했다. 또한, "내가 아니어도 교회는 돌아간다"는 인식 즉, 공동체의 '주체'가 아닌 '소비자'로 남는 느낌이 교회에 대한 거리감을 더욱 심화시키고 있다고 분석되었다.

이런 현실 속에서 교회가 '구조' 중심의 접근을 계속 고수한다면, 3040세대는 교회를 정서적 단절의 공간으로 인식하게 된다. 예배 참석 여부, 헌금 액수, 봉사 시간으로 신앙을 판단하는 구조 아래에서는 진정한 소속감이나 관계적 헌신이 생겨나기 어렵다. 반면, 이 세대는 작고 진실한 관계의 경험을 통해 신앙의 본질을 회복하고자 한다. 비록 많은 것을 요구하지 않더라도, "당신의 오늘 하루는 어땠나요?", "요즘 무엇이 가장 힘드세요?" 라고 물어주는 누군가가 있다면, 그 한 마디가 공동체에 대한 신뢰로 연결되고, 교회를 다시 삶의 중심으로 받아들이는 계기가 될 수 있다.

이런 점에서 필자가 섬기는 '더행복한교회'의 경험은 유의미하다. 교회는 프로그램 중심의 운영보다 관계 중심의 리더십과 셀 사역을 통해 3040세대의 삶에 깊이 개입하며, 말씀과 기도뿐만 아니라, 식사와 대화, 심방과 참여를 통해 살아 있는 공동체를 이루고 있다.

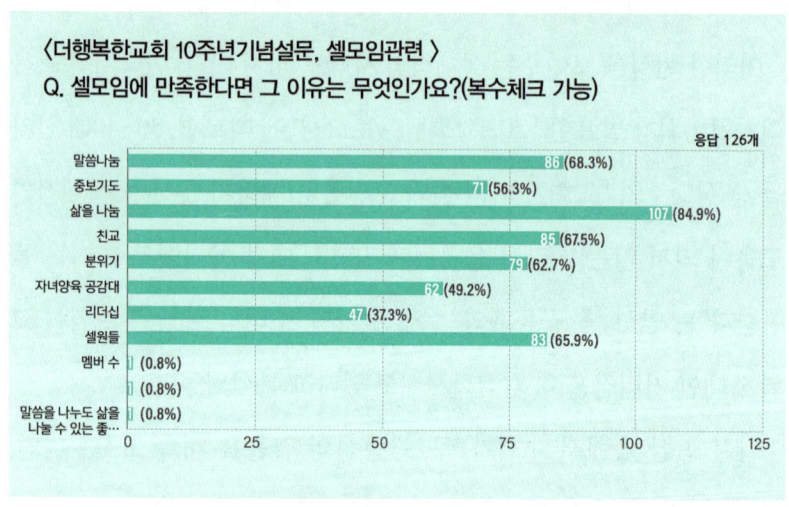

실제로 셀 모임을 통해 자신의 이야기를 나누고, 눈물 흘리고, 서로를 위한 기도와 실질적 도움을 경험한 이들은 오랜만에 "교회 같다"라

고 고백하곤 한다. 3040세대가 바라는 교회는 관계가 먼저인 교회다. 관계를 통해 설득되고, 공감 안에서 움직이며, 자발적인 참여와 헌신은 그 다음의 열매로 맺어진다.

- 건강한 삶을 원한다 -

3040세대가 교회 안에서 신앙의 뿌리를 내리고, 공동체 안에서 안정적으로 성장하기 위해서는 단지 시스템이나 프로그램만으로는 충분하지 않다. 이들이 머물고 싶은 교회, 다시 찾아오고 싶은 공동체가 되기 위해서는 건강한 목회자, 건강한 성도, 그리고 건강한 공동체, 건강한 삶이라는 네 가지 핵심 연결고리가 반드시 필요하다.

첫째, 건강한 목회자

3040세대가 교회를 선택하고 정착하는 가장 중요한 이유 중 하나는 목회자의 인격과 삶이다. 필자가 섬기고 있는 경기도 안산에는 이미 크고 건강한 교회들이 즐비하다. 안산동산교회, 꿈의교회, 빛나교회, 안산제일교회, 광림교회 등은 지역 사회에서 좋은 평판을 얻고 있으며, 다양한 프로그램과 시스템으로도 주목받는 교회들이다. 그럼에도 불구하고, 필자의 교회인 더행복한교회로 3040세대들이 찾아오고, 머물며, 정착해가는 이유는 무엇일까?

그 중심에는 '목회자에 대한 신뢰', 그리고 '삶과 말씀이 일치된 리더십'이 있다는 사실을 현장에서 반복해서 확인하게 된다. 교회를 개척할 당시, 함께 시작하기로 결단한 한 젊은 부부가 있었다. 안산동산교회라는 좋은 교회를 다니고 있었던 이 부부에게 왜 굳이 개척교회를 선택했는지 조심스럽게 물었다. 그들의 대답은 지금도 귀에 생생하다.

"목사님, 솔직히 설교는 잘 모르겠어요. 그런데 목사님의 삶은 믿을 수 있어요. 그래서 저희는 목사님과 함께하고 싶습니다."

또 다른 경우는, 필자의 아내와 함께 직장생활을 하던 집사 부부이다. 이들 역시 교회개척에 함께하겠다고 했을 때, 그 이유를 물었다. 돌아온 대답은 이러했다.

"한 선생님은 직장에서나 교회에서나 똑같았어요. 목사님도 그러시죠. 그래서 저희는 함께하고 싶어요."

이들은 모두 현재까지도 신실한 리더로, 든든한 동역자로 교회를 함께 세워가고 있다. 이처럼 3040세대는 단지 말 잘하는 목회자를 원하지 않는다. 그들이 진심으로 붙드는 것은 말씀에 앞서 삶이 있는 리더, 지시보다 동행하는 리더, 강단보다 일상에서 신뢰할 수 있는 목회자다.

3040세대에게 건강한 목회자란, 강단에서는 하나님 앞에서 진실하게 말씀을 전하고, 강단 밖에서는 성도들과 똑같은 눈높이에서 삶을 나누는 사람이다. 그 진정성이 바로 오늘의 세대를 머물게 하고, 교회를 따뜻하게 만든다.

3040세대는 단지 말을 잘하는 목회자보다, 삶으로 신뢰할 수 있는 목회자를 원한다. 이 세대는 말씀을 통해 교훈을 얻기도 하지만, 평범한 일상 속에서 목회자가 함께 웃고, 울어줄 수 있는지의 여부를 통해 교회에 머물지 떠날지를 결정하기도 한다.

한 성도는 이렇게 고백한다. "목사님은 목사 같지 않아서 더 좋습니다. 강단에서는 권위가 있지만, 강단을 내려오면 한 사람의 그리스도인으로 우리와 함께 있어주기 때문입니다." 이는 단지 겸손함이나 친절함을 넘어, 성육신적 리더십에 대한 시대적 요청이다. 강단에서 말씀으로 권위를 세우되, 강단 아래에서는 인격적 관계로 다가오는 목회자의 모습이야말로 3040세대가 공감하고 따르고 싶어 하는 리더상이다.

둘째, 건강한 성도

3040세대는 이미 직장과 사회에서 치열한 경쟁과 끊임없는 평가 속에 살아간다. 이들에게 신앙생활은 더 이상 하나의 '과제'나 '시험대'가 되어서는 안 된다. 신앙공동체는 평가받는 장소가 아니라 회복되는 공간이어야 한다. 비교와 충성이 아닌 격려와 공감이 중심이 되는 곳이어야 한다. 그러나 여전히 많은 교회에서 헌신의 양과 충성도로 성도를 평가하려는 분위기가 존재한다. 이러한 구조 속에서는 3040세대가 신앙 안에서 진정한 자아를 드러내기보다 책임감과 부담 속에 자신을 감추게 된다.

더행복한교회는 이러한 틀에서 벗어나고자 의도적으로 '건강한 성도' 중심의 셀공동체를 지향해 왔다. 셀모임은 보고서도 없고, 출석 체크도 없다. 그러나 놀랍게도 정기적인 모임은 물론, 자발적인 기도모임과 야유회, 다른 셀과의 연합교제 등 다양하고 생명력 있는 모임들이 자생적으로 일어난다. 셀리더에게 보고서를 요구하지 않는 이유는 단순하다. '기록'이 시작되는 순간, 자발성은 '의무'로 바뀌고, 나눔은 '성과'로 치환될 수 있기 때문이다. 더행복한교회는 이러한 흐름을 경계하며, 셀리더들과 MG 리더들과의 정기적 모임을 통해 삶의 이야기와 기도의 호흡을 나누는 방식으로 리더십을 세워간다.

이러한 공동체가 가능한 이유는, '아무 문제 없는 사람들'이 모였기 때문이 아니다. 삶의 아픔과 현실을 진솔하게 나눌 수 있는 건강한 성도들이 있기 때문이다. 더행복한교회에서 말하는 건강이란, 성공이나 완벽함이 아니다. 서로의 삶을 존중하고, 이해하며, 함께 짐을 지고 가는 연대의 마음이다. 그렇게 함께 살아가는 공동체 안에서, 성도들은 자신의 신앙이 삶에 뿌리내리는 은혜를 경험한다.

사도행전 2장의 예루살렘 교회처럼 모든 것을 함께 나누고 돌보는 이상적인 교회를 꿈꾸진 않지만, 더행복한교회의 셀공동체는 오늘의 현실 안에서 가능한 만큼 최선을 다해 '신앙이 일상이 되는 삶'을 실천한다. 그래서 이 공동체에는 소그룹의 '방학'이 없다. 계절이 바뀌어도 삶은 멈추지 않기에, 소그룹은 곧 성도의 삶이기 때문이다. 대신 각 셀은 셀리더들의 자율성과 현실적 필요에 따라 융통성 있게 운영된다.

셀그룹에서 중요하게 생각하는 것은 셀리더의 건강함이다. 더행복한교회에서는 연말이 되어도 리더를 일괄 교체하지 않는다. 한번 세운 리더가 계속 사역할 수 있도록, 준비된 세움과 지속적인 영적 공급이 함께 이루어진다. 정기적인 셀리더 모임과 MG리더모임을 통해, 셀리더들이 지치지 않고 다시 공급받고 세워질 수 있도록 돕는다. 건강한 성도는 건강한 목회자에게서 시작된다. 그리고 그 성도는 건강한 목회자와의 관계 속에서 더 깊고 튼튼하게 자라난다.

셋째, 건강한 공동체

3040세대는 교회를 단순한 봉사처나 일터로 여기지 않는다. 이들에게 교회는 함께 살아가는 공간, 삶이 무너질 때 붙잡아줄 누군가가 있는 공동체이기를 바란다. 그래서 이들은 결과보다 과정, 조직보다 관계, 지시보다 공감과 참여를 중요하게 여긴다. 바로 이런 감수성이 반영될 때 3040세대는 공동체에 마음을 열고 자신을 교회와 깊이 연결하고자 한다.

더행복한교회는 이러한 3040세대의 감수성을 교회 운영 전반에 반영해왔다. 개척 초기부터 "성도들과 함께 만들어가는 교회"라는 철학 아래, 공동체 안에서 함께 결정하고 소통하는 구조를 중요하게 여겨왔다. 대표적인 사례가 바로 주일 점심식사 운영 방식이다. 대부분의 교회가 점심식사를 무료로 제공하던 관행에 따라 초기에는 김밥을 교회가 제공했다. 그러나 시간이 지나면서 남는 음식이 많아지고 재정적 부담이 커져, 교회는 일방적인 결정이 아닌 성도들과의 공청회를 통해 문제를 나누고 해결 방안을 모색했다. 그 결과, 교회가 일부 비용을 부담하고, 식사를 원하는 성도들이 자발적으로 일부 금액을 부담하는 방식으로 전환했다. 놀랍게도 이 방식은 재정 효율성, 음식물 절감, 성도 만족도 등 모든 면에서 긍정적인 결과를 가져왔다.

더행복한교회는 공간 결정의 문제도 마찬가지 방식으로 풀어갔다. 2020년, 코로나 팬데믹 상황 중에 성도들과 함께 예배당 확장과 공간 재배치에 대한 의논을 진행했다. 점점 많아지는 아이들로 인해 초등부 공과공간이 협소해지자, 교회는 과감히 본당을 초등부에 내어주고, 성인예배는 기존 초등부 공간에서 드리자는 안을 제안했고, 공동의회를 통해 96%의 찬성으로 결정을 내렸다. 이후 약 한 달간 준비를 거쳐, 교회는 아이들을 위해 어른들이 예배 공간을 양보하는 실천을 이루어냈고, 이러한 결정은 현재까지 이어지고 있다. 이는 전 성도에게 깊은 울림을 주는 계기가 되었다.

필자의 목회 운영 철학은 3040세대에게는 단순한 행정의 문제가 아니다. 교회가 성도의 삶과 목소리를 존중하고 있는가를 판단하는 중요한 기준이다. 더행복한교회는 "사역 중심"이 아니라 "사람 중심"의 문화를 지향한다. 젊은 세대는 명령보다 참여에서 감동을 느끼고, 지시보다 경청에서 신뢰를 얻는다. 교회가 성도들과 함께 교회를 만들어간다는 인식이 형성될 때, 그들은 단순한 참여자가 아니라 주인공으로 설 수 있는 자리를 발견하도록 돕는다.

건강한 공동체는 목회자 한 사람의 리더십만으로는 만들어질 수 없다. 건강한 목회자와 건강한 성도의 연합으로, 그리고 모든 성도가 공감과 참여를 통해 함께 교회를 세워나갈 때, 비로소 진정한 의미의 건강한 교회가 세워진다. 특히 3040세대와 같은 중간세대를 교회 안에서 다시 일으켜 세우기 위해서는, 그들의 목소리를 경청하고, 그들의 삶을 이해하며, 공동체를 '함께 세워가는 사람들'로 초대하는 구조와 문화가 반드시 필요하다.

넷째, 건강한 삶

건강한 목회자, 건강한 성도, 건강한 공동체가 있다면, 그 다음에 반드시 따라야 할 것은 '건강한 삶'이다. 결국 신앙은 머릿속의 이론이나 교회 안에서만 통하는 언어가 아니라, 삶의 자리에서 살아내야 할 실제적 가치이기 때문이다. 더행복한교회가 추구해 온 신앙의 방향은 명확하다. "주일만 뜨거운 신앙이 아니라, 월요일도 버텨낼 수 있는 신앙." 삶의 치열함 속에서도 믿음이 실제로 작동되는 자리, 그곳이야말로 신앙의 진짜 현장이다.

더행복한교회의 셀모임은 그래서 단순한 성경공부나 기도 제목 나눔으로 그치지 않는다. 삶을 나누는 자리, 그리고 삶을 함께 살아내는 자리다. 육아의 고민, 경제적 어려움, 직장에서의 갈등, 부부 사이의 갈등까지, 3040세대가 마주하는 복잡한 삶의 이야기들이 셀모임 안에서 자연스럽게 흘러나온다. 그리고 놀랍게도, 그 나눔은 치유가 되고, 공감은 회복이 되고, 반복은 신앙의 리듬이 된다.

건강한 삶이란 완벽하고 이상적인 삶을 말하지 않는다. 문제 앞에 솔직해지고, 아픔 속에서도 붙드는 신앙의 끈, 그리고 서로를 밀어주는 공동체적 연대가 있는 삶이다. 더행복한교회는 셀모임이라는 작은 울타리 안에서 이러한 건강한 삶이 자라가도록 돕는다. 어떤 셀모임은 주말마다 야외 산책을 함께 하며 몸과 마음의 리듬을 회복하고, 또 어떤 셀은 월 1회 '밥 한 끼 기도모임'을 통해 영과 육을 함께 챙기는 루틴을 만들어가기도 한다. 영적인 성숙과 정서적 안정, 신체적 건강까지 함께 고민하는 공동체, 이것이 바로 오늘날 3040세대가 꿈꾸는 건강한 삶의 형태다.

삶은 그 자체로 전장이다. 직장에서의 스트레스, 육아의 고됨, 미래에 대한 불안은 누구도 피할 수 없는 이 세대의 일상이다. 그렇기에 교회는 그들에게 또 다른 '책임'이나 '의무'를 덧붙이기보다, 삶의 무게를 나누고 회복시키는 "공감과 균형의 공간"으로 이끌려 한다. 더행복한 교회의 성도들 중에는 불면증으로 약을 먹지 않으면 잠들 수 없는 집사님, 육아와 직장을 병행하며 정기적으로 병원 진료를 받는 엄마, 이직과 진로 앞에서 흔들리며 셀모임을 붙잡고 버티는 청년들이 있다. 그러나 이들은 단지 견디는 것이 아니라, 서로의 기도와 격려, 일상의 지지를 통해 조금씩 회복되어가고 있다. 바로 이것이 교회가 만들어내는 '건강한 삶'이다.

건강한 삶은 버티는 삶이 아니라, 나눔 속에서 회복되는 삶이다. 혼자 짊어지는 신앙이 아니라, 함께 이겨내는 일상의 믿음을 말한다. 한국교회가 3040세대와 함께 건강한 미래를 꿈꾼다면, 단지 사역자 중심의 시스템이나 봉사자의 헌신에만 의존해서는 안 된다. 평범한 신앙인의 일상 안에 복음이 살아 움직이고, 그 복음이 그들의 삶을 조금씩 건강하게 만들어가는 과정 전체를 품는 교회여야 한다.

건강한 삶을 만드는 교회는 말씀을 배우는 교회가 아니라, 삶이 변하는 교회이다. 사역을 감당하는 공동체가 아니라, 삶이 회복되는 공동체이다. 그리고 건강한 삶이 자라나는 교회이다. 그곳에서 3040세대는 신앙의 뿌리를 내리고, 다음세대는 희망을 배우게 될 것이다.

- 마음의 연결을 원한다 -

2022년 실천신학대학원대학교 21세기 교회연구소와 한국교회탐구센터, 목회데이터연구소가 공동으로 실시한 '3040세대의 신앙의식 및 생활실태조사 보고서'에 따르면, 30~49세 개신교인 남녀 700명을 대상으로 교회에 대한 만족과 불만 요소를 물은 결과, 3040세대는 교회를 단순한 예배 공간 이상으로 인식하고 있음을 확인할 수 있었다.

"출석하는 교회에 만족스러운 점은 무엇입니까?"라는 질문에 대해, 응답자들은 "교인 간에 진정성 있는 관계와 교제", "이웃과 사회를 위한 사회적 책임 역할 수행", "교회가 영적인 해답을 줌" 등의 요소를 가장 높은 순위로 꼽았다. 이는 교회가 3040세대에게 신앙과 삶의 안식처일 뿐 아니라, 공동체적 소속감과 사회적 책임을 감당하는 플랫폼으로 작용하고 있음을 시사한다.

특히, 단순한 종교적 체험을 넘어, 공동체 내에서 진정성 있는 교제를 나누고, 교회가 사회적 역할을 수행할 때에 더 큰 만족감을 느낀다는 사실은 주목할 만하다. 3040세대는 더 이상 '말씀만 전하는 교회'가 아닌, '삶을 함께 나누며 세상 속에서 역할을 감당하는 교회'를 기대하고 있는 것이다.

이러한 기대는 실제 현장에서도 확인된다. 더행복한교회는 창립

10주년을 맞아 전교인을 대상으로 설문조사를 진행했는데, 3040세대가 중심이 된 주일예배에 대해 무려 98.5%가 '만족한다'라고 응답했다. 가장 큰 만족의 이유로는 '설교'(89.1%)가 꼽혔고, 이어 찬양과 감사의 고백, 그리고 공동체적 분위기와 자연스러운 예배 흐름이 이유로 나타났다.

특히 눈길을 끄는 응답은, 예배 시간이 1시간 30분이라는 점이 오히려 좋았다는 의견이 27.1%에 달했다는 사실이다. 이는 3040세대가 단순히 짧고 효율적인 예배를 원한다는 통념과는 다른 결과다. 이 세대는 형식보다 진정성, 속도보다 의미를 더 중요하게 여긴다. 예배 시간이 길더라도, 그 안에서 삶을 들을 수 있고, 자신이 환대받는다고 느낀다면, 그들은 기꺼이 그 자리에 머문다. 더행복한교회는 그 기대를 의식적으로 추구해 왔다. 말씀 안에서 삶을 이야기하고, 예배 가운데 실질적인 공감과 감사를 나누며, 예배 밖에서는 교회가 지역사회와 함께 책임을 나누는 구조를 만들어가고 있다.

결국, 3040세대가 만족하고, 다시 오고 싶어 하는 교회는 '전통'과 '속도'가 아니라, '진심'과 '함께함'으로 세워지는 공동체라는 사실이라는 것을 이 설문은 분명하게 말해주고 있다. 3040세대는 이제 교회가 말씀을 '잘' 전하는 곳이 아니라, 말씀을 '함께' 살아내는 공동체가 되기를 기대하고 있다.

3040세대가 교회를 만족하지 못하는 이유 중 하나로 가장 빈번하게 언급되는 것은 교회가 시대의 흐름을 읽지 못하고 여전히 과거의 형식과 문화에 머물러 있다는 점이다. 특히 교회 지도자들에 대한 불만이 두드러지는데, 그 중에서도 '권위주의적인 태도'와 '언행불일치의 삶'은 단지 두 개의 항목이 아니라, 실상 하나의 문제의 양면이라 할 수 있다.

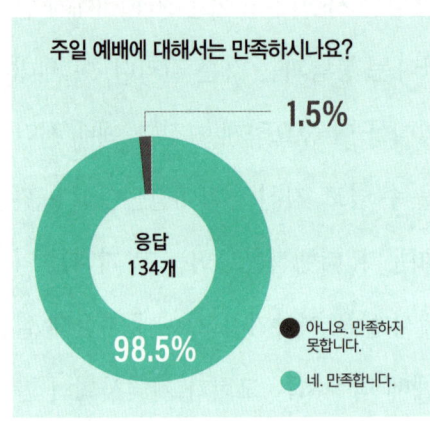

이는 성경이 가르치는 참된 리더십의 본질과 정면으로 배치된다. 예수께서는 "누구든지 하늘에 계신 내 아버지의 뜻대로 하는 자가 내 형제요 자매요 어머니이니라"(마 12:50), "하나님의 뜻대로 행하는 자가 내

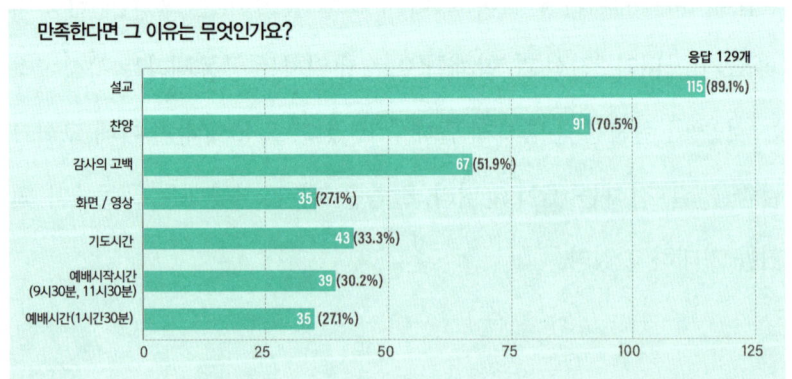

형제요 자매요 어머니이니라"(막 3:35)고 하시며, 혈연이 아닌 순종의 삶으로 하나 됨을 선언하셨다. 그러나 많은 목회자들은 말로는 제자의 삶을 이야기하면서, 실제로는 권위를 앞세우고 삶으로 본을 보이지 않는다.

예수님께서 우리에게 요구하신 길은 분명하다. "누구든지 나를 따라오려거든 자기를 부인하고 자기 십자가를 지고 나를 따를 것이니라"(마 16:24). 섬김과 희생, 자기를 부인하는 십자가의 길이다. 하지만 오늘날 설문 결과를 통해 드러난 교회 지도자들의 삶은 이와는 거리가 멀다. 예수께서 보여주신 '섬김의 리더십' 대신, 여전히 '지배의 리더십'에 머물러 있는 것이다.

이러한 모습은 3040세대가 교회를 외면하게 되는 결정적인 요인이 되고 있다. 그들은 단순히 종교적 형식을 거부하는 것이 아니라, 삶으로 증명되지 않는 메시지, 말과 삶이 일치하지 않는 영적 리더십에 회의를 품고 있는 것이다. 교회가 다시 3040세대의 신뢰를 회복하기 위해서는, 먼저 지도자들의 삶이 말씀에 일치하는가를 진지하게 돌아보아야 한다.

문화선교연구원이 발표한 '3040세대 신앙과 라이프스타일' 보고서의 결과도 동일하다. 위 보고서에 따르면, 3040세대가 교회에 불만을 느끼는 주요 이유 중 하나로 '교회지도자들의 언행 불일치한 삶(26%)'을 꼽았다. 이는 시대 흐름을 따르지 못한 것(30%)과 권위적인 태도

(28%) 다음으로 높은 수치로, 목회자의 언행 불일치가 3040세대의 교회이탈에 상당한 영향을 미치고 있음을 보여준다.[8]

기독일보의 보도에 따르면, 기독교 연구기관 ARCC(대표 윤은성 목사)는 신학대학교 교수 6인과 함께 청년들의 교회 이탈 현상을 심층 분석한 결과, 교회를 떠나는 주요 요인 중 하나로 '목회자의 언행 불일치'를 지목했다. 이는 단순한 이미지의 문제가 아니라, 신앙의 진정성과 공동체의 신뢰 기반을 흔드는 근본적 요인임을 시사한다.[9]

이와 맥을 같이하여, 기독교윤리실천운동이 실시한 '2023년 한국교회의 사회적 신뢰도 여론조사'에서도 한국교회를 신뢰한다고 응답한 비율은 고작 19.4%에 불과했다. 더욱이 '기독교 목사의 말과 행동에 믿음이 간다'는 응답은 개신교인조차도 37.1%에 그쳤으며, 무종교인의 경우는 9.5%로 나타났다.[10]

이런 결과들은 목회자의 삶이 교회 안팎의 사람들에게 본이 되지 못하고 있으며, 그 결과로 교회의 신뢰도는 심각하게 훼손되고 있다는 점을 여실히 보여준다. 나아가 이러한 언행의 불일치는 3040세대의 탈교회 현상은 물론, 이들 부모세대의 교회 이탈에 따른 주일학교 감소 문제에도 직간접적인 영향을 미치고 있는 것으로 보인다. 즉, 주일학교의 쇠퇴가 단지 출산율 저하나 사회경제적 요인 때문만은 아니

---

[8] 2023. 04(만 19세 이상 개신교인 2,000명, 온라인조사, 2023. 01. 09 ~ 01. 16)
[9] 기독일보, 「교회떠나는 청년들…본질 회복하는 교회가 그들에게 답」, 2021. 04. 19.
[10] 정재영, 「2023년 한국교회의 사회적 신뢰도 조사결과 분석」, 2023. 02. 16.

라는 것이다. 오히려 교회의 도덕성과 목회자의 영적 권위가 신뢰를 잃었기 때문이며, 이는 교회를 바라보는 다음세대의 시선을 왜곡시키는 결정적인 요인 중 하나로 작용하고 있다. 목회자의 비윤리성, 특히 권위주의적 태도와 삶의 이중성은 이제 단순한 리더십 문제가 아니라, 교회의 생존과 회복을 가르는 본질적 위기의 징후로 이해되어야 한다.

2부
교회를 떠난 3040

30
40

지금, 교회는 다시 숨 쉬어야 한다

**심폐
소생**

4장
믿음의 둥지를 잃은 3040

- 교회 안에서는 하나님을 찾을 수 없었다 -

    2020년대 대한민국에서 30대와 40대는 단지 인생의 중간지점을 지나고 있는 세대가 아니다. 이들은 사회적 책임의 최전선에 서 있는 동시에, 생존의 사각지대에 내몰린 세대다. 삶은 점점 팍팍해지고, 미래는 좀처럼 희망적으로 그려지지 않는다. 3040세대에게 지금은 비전의 시기라기보다, 버텨야 하는 시기다.
    지난 주, 교회의 한 젊은 맞벌이 부부를 만났다. 서울의 회사에서 직장생활을 하며 두 자녀를 키우는 이 부부는, 겉보기에 신실하고 안정된 삶을 살아가고 있었다. 하지만 함께 식사를 나누며 속 이야기를 들여다보니, 그들의 고민은 단순히 '오늘'이 아니었다.

"목사님, 지금은 어떻게든 감당하고 있지만… 앞으로 5년, 10년 후가 걱정입니다."

직장은 언제까지 유지할 수 있을지 모르겠고, 자녀는 커갈수록 더 많은 비용이 들며, 삶은 갈수록 빠듯해지고 있다. 이러한 고민은 이들만의 이야기가 아니다. 직장인은 직장인대로, 자영업자는 자영업자대로, 코로나 이후의 불안정한 경제 상황 속에서 대부분의 3040세대는 '불안'이라는 이름의 그림자와 함께 살아가고 있다. 그들은 열심히 예배하고, 기도하고, 하나님을 찾는다. 그러나 현실이라는 벽 앞에서, 가족의 생계와 부모의 노후, 자녀의 미래를 책임져야 하는 이중 부담 앞에서 그 신앙은 때로 지켜내기조차 버거운 짐이 된다.

● 무거운 현실, 다섯 가지 생존의 벽

3040세대의 신앙이 흔들리는 배경에는 복합적인 현실적 압박이 있다. 그중 대표적인 다섯 가지는 다음과 같다.

첫째, 직장 내 불안정성이다.

정년의 개념은 사라졌고, 구조조정은 상시적이다. 비정규직과 계약직의 불안은 여전하며, 정규직이라도 언제든 위협받을 수 있는 구조 안에 놓여 있다. "안정된 직장"이라는 말은 이제 이들에게 사치스러운 표현이다.

둘째는 치솟는 주거비용이다.

수도권을 중심으로 한 부동산 가격은 이미 현실적인 접근선을 넘었다. 전세 가격조차 감당하기 버거운 상황에서 '내 집 마련'은 꿈에 불과하다. 주거의 불안은 곧 부부의 갈등과 육아의 불안을 낳는다.

셋째는 양육과 교육의 부담이다.

맞벌이를 하지 않으면 생활이 유지되지 않는 구조 속에서, 자녀 교육과 돌봄은 늘 긴장과 불안을 동반한다. 사교육, 입시, 부모교육, 가족 돌봄 등, All-in-one 부담이 3040의 어깨 위에 얹혀 있다.

넷째는 은퇴 준비의 조기 압박이다.

노후는 멀었다고 말하기 어렵다. 이미 30대 후반부터 '노후 빈곤'이라는 단어가 피부로 느껴진다. 연금, 보험, 대출, 투자 등 어떤 결정을 해도 확신보다 불안이 앞선다.

마지막으로는 관계의 고립과 정서적 피로감이다.

직장에서는 경쟁, 가정에서는 책임, 사회에서는 무관심이다. 진심으로 안부를 묻는 사람 하나 없는 삶 속에서, 3040세대는 "모든 것을 나 혼자 감당해야 한다"는 깊은 외로움을 안고 살아간다.

필자가 섬기고 있는 더행복한교회는 3040세대가 중심이다. 이 세대의 성도들은 누구 하나 대충 살아가는 사람이 없다. 직장에 다니는 이들은 각자의 자리에서 무거운 책임과 스트레스를 감당하며 최선을 다하고, 사업을 하는 성도들은 생존과 현실의 무게를 견디며 치열하게 하루하루를 버텨낸다.

어느 날, 작은 회사를 운영하는 한 집사님과 식사를 나눈 후, 차를 한 잔 마시려던 순간이었다. 그 집사님이 가방에서 약봉지를 한 움큼 꺼내는 것이었다. "무슨 약이 그렇게 많으세요?" 하고 묻자, 그는 고개를 숙이며 이렇게 말했다.

"목사님, 저 이 약 안 먹으면 잠을 못 자요. 그래도 지금은 줄인 거예요."

순간 마음이 먹먹해졌다. 그가 스트레스를 많이 받고 있다는 건 알고 있었지만, 실제로 불면과 싸우며 약에 의지하고 있는 모습을 보니 가슴이 아팠다. 그럼에도 그는 여전히 회사를 운영하며 직원들을 돌보고, 주일이면 어김없이 교회에 나와 예배하고, 봉사하며 성도들을 섬기고 있었다.

그렇게 버텨내며 살아가는 이 세대의 성도들을 보며, 목회자인 나는 다시금 결심하게 된다. 이들에게 쉼이 있는 교회, 이들의 삶을 알아주고 함께 울어주는 공동체, 억지로 사역을 요구하지 않고, 공감과 회복으로 초대하는 예배가 되어야 한다고.

3040세대에게 하루를 살아내는 것 자체가 전쟁이다. 이들에게 주일예배는 더 이상 거룩함의 시간이 아니라, 미뤄둔 피로를 회복하는 '유일한 쉼표'가 되어버렸다. 기도보다 육아가 먼저이고, 예배보다 야근이 급하며, 말씀 묵상보다 이자 상환이 시급한 삶. 그들은 신앙을 포기한 것이 아니다. 신앙을 담을 여백조차 없는 현실 속에 서 있을 뿐이다.

대한민국의 3040세대는 이제 더 이상 교회의 중심 세대가 아니다. 그들은 지금, 삶과 신앙 사이에서 조용히 밀려나고 있다. 일터에서는 끊임없는 경쟁에 노출되고, 가정에서는 자녀 양육과 부모 돌봄의 이중 부담을 떠안으며, 사회에서는 점점 고립되어 간다. 월세와 대출이 신앙을 압도하고, 야근과 육아가 예배의 자리를 잠식해 간다. 그들이 교회를 떠난 이유는 하나님을 향한 열정이 사라졌기 때문이 아니라, 교회에 발걸음을 옮길 힘조차 남지 않았기 때문이다. 오늘날 3040 세대에게 신앙은 더 이상 '마땅히 해야 할 일'이 아니다. 여유가 있어야만 가능한, 일종의 특권이 되어버렸다.

- 교회로 발걸음을 옮길 힘이 없었다 -

흔히 3040세대가 교회를 떠난 이유를 '신앙의 식음' 혹은 '종교적 무관심'으로 해석하곤 한다. 그러나 실제로 이 세대의 이탈은 무관심이라기보다는 신앙을 향한 지속적인 피로감과 구조적인 단절의 결과에 가깝다. 2021년 한국기독교목회자협의회에서 발간한 「2021 한국교회 탐구보고서」에 따르면, 3040세대 중 상당수가 "하나님에 대한 믿음은 여전히 가지고 있으나, 교회에 대한 신뢰와 소속감은 약화되었다"라고 응답했다. 이는 신앙 자체가 무너진 것이 아니라, 교회라는 매개와의 연결이 끊어졌음을 보여주는 단면이다.

또한 'SBNR(Spiritual But Not Religious)' 현상이 3040세대에게 뚜렷이 나타나고 있다. 즉, "영적으로는 열려 있지만, 제도적 종교에는 거리감을 느끼는" 태도가 확산되고 있다는 것이다. 이러한 현상은 단지 게으름이나 방종의 문제가 아니라, 현재의 교회 구조가 이들의 삶과 감정, 현실을 수용하지 못하고 있다는 반증이다.

「트렌드 코리아 2023」에서도 3040세대는 "과잉노동과 감정 노동의 피로로 인해, 소속보다는 관계를, 조직보다는 유연한 연결을 선호하는 경향"이 있다고 분석한다. 이들의 신앙 역시 이런 삶의 리듬과 무관하지 않다. 실제로 여러 교회에서 만난 3040세대 신자들은 이렇게 말한다.

"하나님을 안 믿는 게 아니에요. 그냥, 너무 힘들어서 예배 나가는 것도 숨이 차요."

"기도하고 싶은데, 생각만 하면 눈물이 나요. 근데 감당이 안 돼요."

교회를 개척할 때, 개척 멤버로 참여했던 ○○집사 부부의 이야기다. 함께 식사를 나누고, 차를 마시며 교회의 방향성과 비전을 열정적으로 설명했다. 그리고 기도하는 마음으로 조심스레 그들에게 말했다.

"우리 함께 하나님의 나라를 세워가면 좋겠다. 같이 합시다"

잠시 침묵이 흐른 뒤, 남편이 조심스럽게 입을 열었다.

"목사님, 제 마음 아시죠? 저희 부부는 목사님이 좋아서 정말 같이 가고 싶어요. 그런데 개척교회 가면… 일해야 하잖아요. 섬겨야 하잖아요. 다 알지만… 지금은 섬길 힘이 없어요. 목사님 교회 따라가서 조금만 쉬었다가, 나중에 힘이 생기면 그때 열심히 섬기면 안될까요? 저희에게 시간을 조금만 주세요. 반드시 열심히 섬길게요."

그 순간, 나는 이렇게 말해주었다. "그래. 쉬어도 되지! 쉼이 필요하면 쉬는 것도 섬김이지! 충분히 쉬고, 이제 되었다 싶을 때 섬기면 된다." 그 부부는 결국 개척에 동참했다. 물론 처음엔 쉰다고 했지만, 약 6개월 정도 지나자 자연스럽게 예배를 돕고, 셀을 섬기고, 공동체의 중심이 되었다. 그리고 10년이 지난 오늘도 여전히 충성스럽게 교회를 섬기고 있다.

어느 날, 그들이 말했다. "목사님, 그때 쉬어도 된다고 말씀해주신 것… 그 말씀이 저희를 다시 일어서게 했어요. 정말 쉬었던 것도 있지만, 그보다 '쉬어도 괜찮다'는 그 한 마디가 우리 부부에게는 큰 위로이자 힘이었어요."

이 이야기 속에 중요한 진리가 있다. 사람은 강요보다 여유에서, 책임보다 회복에서 더 깊이 헌신하게 된다. 특히 3040세대는 그렇다. "지금은 힘들다"는 그들의 말을 들을 줄 아는 교회, "괜찮다, 기다리겠다"는 여유가 있는 공동체가 그들을 오래 머무르게 하고, 결국 다시 서게 만든다.

3040세대의 신앙은 단절된 것이 아니라 '기대하지 않게 된 것'이며, 믿음을 잃은 것이 아니라 '버텨낼 힘이 부족한 상태'인 경우가 많다. 그러므로 교회는 이 세대를 향해 "믿음이 약해졌다"라고 말하기 전에, "무엇이 그들의 영혼을 지치게 만들었는가"를 먼저 질문해야 한다.

그들은 지금도 여전히 영적인 갈망을 품고 있다. 다만 그것을 드러낼 수 있는 여백이, 시간도, 언어도, 공동체도 사라졌을 뿐이다.

- 신앙을 지키기 위해 교회를 떠났다 -

오늘날 한국교회 3040세대의 이탈은 단순한 '신앙의 상실'이라기보다는, '소속의 거부'로 해석해야 할 현상이다. 이들은 하나님을 부정하거나, 신앙을 포기한 것이 아니다. 다만 교회라는 조직에 소속되는 것 자체를 부담스러워하고, 거리를 두고자 하는 흐름이 강해지고 있는 것이다. 실제로 3040세대는 예배에 정기적으로 참여하지 않더라도, 스스로를 여전히 그리스도인이라고 생각하며, 삶의 중요한 결정을 앞두고는 하나님의 뜻을 진지하게 고민하는 신앙적 내면을 가지고 있다. 이러한 경향을 종교사회학자 그레이스 데이비(Grace Davie)는 '소속 없는 신앙'(believing without belonging)이라는 개념으로 설명했다. [11]

그녀는 이미 30여 년 전 영국 교회의 실태를 분석하면서, 예배 출석률은 감소했지만, 하나님에 대한 믿음은 여전히 유지되고 있는 현실을 지적했다.

"사람들은 여전히 믿고 있다. 단지 소속되기를 원하지 않을 뿐이다."
— Grace Davie, *Religion in Britain since 1945* -

---

[11] 이현철 외 6명, 「한국교회 3040 트렌드」 (서울 : 생명의 양식, 2024), 32~33.

이러한 현실은 영국만의 현상이 아니다. 유럽 대륙 전반에서도 제도화된 종교에 대한 피로감은 높아지고 있지만, 그 대신 개인화된 영성, 맞춤형 신앙 루틴, 나만의 방식으로 하나님과 연결되는 영적 탐색은 계속되고 있다.

이와 같은 흐름은 현재 대한민국 교회 안에서도 점점 뚜렷하게 드러나고 있다. 「한국교회 3040 트렌드」 보고서에 따르면, 한국의 3040 세대는 여전히 하나님을 믿지만, 교회라는 '조직적 소속'에 들어가기를 꺼려하는 경향이 강해지고 있다. 교회는 여전히 '출석 여부'나 '헌신 강도'로 신앙을 평가하지만, 3040세대는 신앙을 공식화된 참여 기준으로만 정의하지 않는다. 그들에게 교회는 여전히 관계보다 조직을, 공감보다 요구를, 자유보다 순종을 먼저 말하는 공간으로 보일 때가 많다. 결국, 오늘날의 교회 안에는 믿고는 있지만, 소속되지는 않는 새로운 세대, 'believing without belonging'의 한국형 현실이 펼쳐지고 있는 것이다.

실제로 필자가 섬기고 있는 '더행복한교회'는 소그룹 중심의 셀교회다. 모든 사역은 주일예배와 셀모임이라는 두 축을 중심으로 이루어진다. 새가족이 오면 심방을 통해 신앙 상태를 나누고, 셀 모임에 대해 안내하며, 적절한 셀에 배치한다. 그런데 문제는 여기서부터 시작된다. 셀 경험이 없는 성도들은 '소속' 자체에 대해 부담을 느끼는 경우가 많다. 그냥 예배만 드리고 지켜보고 싶다는 반응도 적지 않다. 그럴 때마다 필자는 정중하지만 분명하게 말한다.

"예배는 드릴 수 있습니다. 그러나 이 교회는 셀공동체 중심으로 움직이기 때문에, 함께 하지 않으면 외로울 수 있습니다. 소속 없이 머무르기는 어려운 구조입니다."
"정말 어렵다면, 자유롭게 예배할 수 있는 교회를 찾아보시는 것도 고려해 보셔야 합니다."

이렇게 말하는 것이 부담이 될 수 있다는 걸 안다. 실제로 셀 참여를 거부하며 떠나는 사람들도 있다. 하지만 우리는 그럼에도 불구하고 '공동체 중심의 신앙'이라는 원칙을 고수하고 있다. 그 결과, 현재 우리 교회의 성도 중 90% 이상이 셀모임에 소속되어 정기적으로 교제하고 있다.

또 다른 사례도 있다. 코로나19 시기에 자녀들을 교회학교에 등록시키고, 본인들은 예배만 가끔 참여한 채 등록은 미루는 부모들이 있었다. 좋은 교회학교를 찾다가 오셨고, 교육 콘텐츠나 교사에 대한 만족도는 높았다. 그러나 교회는 단순한 '서비스 제공기관'이 아니다. 자녀의 신앙이 온전해지려면, 부모 또한 공동체 안에 들어와 함께 자라야 한다. 그래서 1년 가까이 기다리다, 결국 부모를 만나 말씀드렸다.

"교회학교만 누리실 거라면, 죄송하지만 다른 교회를 찾아보시길 권해드립니다. 우리 교회는 부모도 셀에 소속되어 함께 걸어가는 공동체입니다."

그 후 부모는 결단했고, 지금은 셀에 소속되어 가정 전체가 믿음으로 성장하고 있다. 반면, 끝내 소속을 거부한 몇몇 가족은 조용히 떠났다. 마음이 아프지만, 하나님 앞에서 신앙의 본질을 지키기 위한 결단이었다.

교회를 개척한 지 10년이 되었다. 돌아보면, "소속 없이 자유롭게 예배만 드리도록 했다면 지금보다 교회가 더 성장했을 수도 있다"는 생각이 들 때도 있다. 그러나 신앙은 관계없는 개인의 경건이 아니라, 공동체 안에서 하나님의 형상을 회복해 가는 여정임을 믿기에, 지금도, 앞으로도 우리는 소속과의 연결을 통해 셀그룹 중심의 목회를 계속할 것이다.

이 세대는 여전히 하나님을 갈망한다. 그러나 그들은 조직적 소속보다는 의미 있는 관계, 공식적인 참여보다는 삶의 연결을 원하고 있다. 교회는 이제 물어야 한다. "그들이 소속되기를 거부하는 것이, 정말 신앙의 문제인가?" 혹은, "우리는 진정으로 그들이 머무르고 싶은 공동체의 얼굴을 하고 있는가?"

- 견고한 믿음의 둥지를 필요로 한다 -

  목회데이터 연구소에서 발표한 '3040세대 개신교인 신앙의식 조사'에 의하면, 한국 사회의 세대별 차이가 두드러지고 있는 가운데, 최근 코로나 사태로 인해 3040세대의 신앙이 크게 흔들리는 것으로 나타났다. 대면예배 출석 비율이 가장 적은 연령대가 바로 이 3040세대이고, 온라인상에서 떠도는 플로팅 크리스천도 이 세대가 주도하고 있으며, 기존의 가나안 성도가 가장 많은 연령대 역시 40대. 이러한 문제가 발생한 이유가 무엇일까?

  "신앙의 시작은 부모였다. 그러나 지금, 그 신앙은 어디에 서 있는가?"

  3040세대의 신앙 여정을 추적해 보면, 그 출발선은 대부분 부모의 손이었다. 실천신학대학원 21세기교회연구소, 한국교회탐구센터, 목회데이터연구소가 공동 발표한 「3040세대 개신교인 신앙의식 조사」에 따르면, 이 세대의 39%가 모태신앙이며, 영유아 및 유치원 시기에 신앙생활을 시작한 비율이 14%, 초등학교 시기가 21%로 나타났다. [12]
  이를 종합하면 무려 74%, 즉 3040세대 개신교인 4명 중 3명 가까이가 부모로부터 신앙을 전수받았다는 의미다.

---

12) 목회데이터연구소 「3040세대 개신교인 신앙의식 조사」

이 통계는 추상적인 숫자가 아니다. 실제로 3040세대가 다수를 이루는 필자의 교회에서도 동일한 흐름을 확인할 수 있다. 교회에서 진행하는 6개월 과정의 '하나님나라 제자훈련' 가운데, 1주차 '복음이란 무엇인가', 2주차 '기독교 세계관' 강의를 통해 참가자들의 신앙 배경을 나누는 시간을 갖는다. 그 과정에서 놀라운 공통점 하나를 발견하게 된다. 배우자로부터 전도되어 신앙생활을 시작한 몇몇 새가족을 제외하면, 대부분의 성도들이 어릴 적 부모의 손에 이끌려 교회에 나왔고, 주일학교와 수련회, 찬양예배, 새벽기도 등 다양한 신앙 체험을 가지고 있다는 점이다. 그들은 어린 시절 교회에서 자랐고, 많은 말씀을 들었고, 수많은 기도를 올렸으며, 신앙이라는 옷을 익숙하게 입고 살아왔다. 그러나 정작 "지금 당신의 신앙 수준은 어느 정도입니까?"라는 질문에는 확신을 가지고 대답하지 못하는 이들이 적지 않다.

이는 무엇을 의미하는가? 3040세대는 분명 신앙의 역사는 가지고 있지만, 그 신앙이 지금 '자신의 것'으로 뿌리내렸는가에 대해서는 불확실하다는 것이다. 그들에게 신앙은 여전히 부모로부터 물려받은 무엇이지, 삶 속에서 다져지고 고백된 주체적 믿음으로 자리 잡지 못한 경우가 많다. 이는 오늘날 3040세대의 신앙이 왜 흔들리는지를 설명해 주는 중요한 단서가 된다. 신앙의 출발은 있었지만, 정체성과 확신이 충분히 형성되지 못했다면, 삶의 무게 앞에서 그 신앙은 언제든 흔들릴 수 있다.

3040세대 교회 출석자를 대상으로 4단계로 이루어진 신앙 단계별 내용을 제시하고 스스로 자기 신앙단계를 표시하게 했을 때, 1단계가 34%, 2단계 29%, 3단계 27%, 4단계 11% 의 순으로 응답해서 3040세대의 주관적 신앙단계가 5060세대에 비해 현저하게 낮았다. 즉, '하나님을 믿지만, 그리스도는 잘 모르겠다'는 대답이 3명중 1명(34%)이 된다.

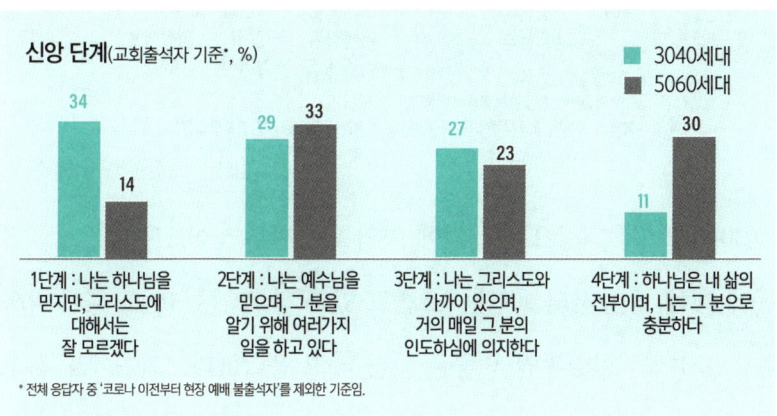

3040세대가 신앙생활을 하는 가장 큰 이유는 '마음의 평안을 위해'(31%)였고 '구원을 위해'는 28%로 두 번째 이유였다. 반면에 5060세대는 '구원을 위해'(52%)가 가장 큰 이유였던 것과 대조를 이루어 신앙의 핵심 가치인 '구원'이라는 점에서 3040세대는 취약점을 보이고 있음을 확인할 수 있다.

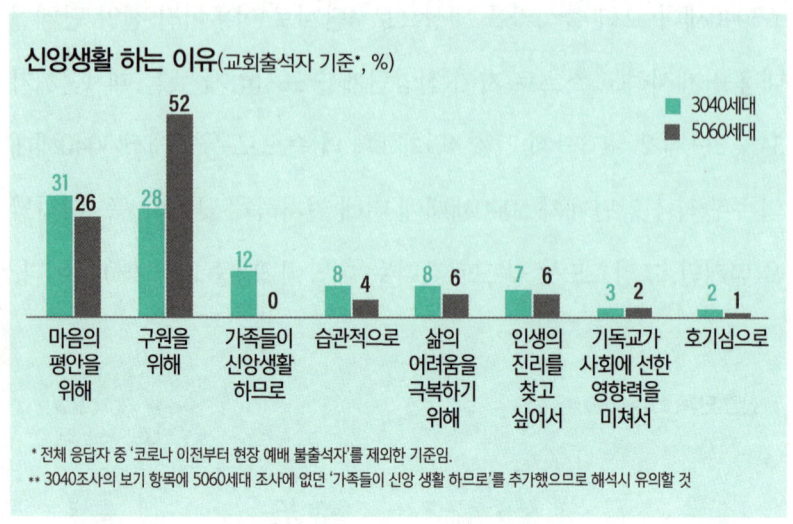

3040세대를 대상으로 '신앙에 회의를 느껴본 적이 있는가?'라는 질문에 대해, 응답자의 40%는 "요즘도 있다"라고 답했고, 또 다른 40%는 "과거에는 있었지만 요즘은 없다"라고 응답했다. "과거에도 전혀 없었다"는 응답은 20%에 그쳤다. 이는 10명 중 4명이 현재 신앙적 회의 가운데 있고, 또 다른 4명은 한때 회의를 겪은 적이 있음을 의미한다. 특히 코로나19 이후 현장예배 참석을 기피하는 3040세대의 경우, 절반에 가까운 47%가 신앙적 회의를 경험하고 있다고 답해 더욱 주목된다.

성도들이 신앙에 대해 의문을 품게 된 근본적인 원인은 무엇일까? 조사 결과는 신앙의 본질적 내용 ─예컨대 하나님의 존재나 성경의 진리에 대한 의문─ 보다는, 기독교인들의 '윤리적 문제'에 대한 실망이 가장 큰 요인

(37%)으로 나타났다. 이는 교리나 교회의 가르침 자체보다, 그것을 전하고 살아야 할 이들의 삶의 일치 여부가 3040세대의 신앙에 훨씬 더 깊은 영향을 미치고 있음을 보여준다.

신앙적 회의가 '어떻게 사라졌는가'에 대한 질문에서는, "저절로 회의가 사라졌다"는 응답이 30%로 가장 높았다. 그러나 이 응답은 문제의 본질이 해결되었다기보다는, 시간이 지나며 감정이 무뎌졌거나, 회의의 원인이 되었던 상황을 더 이상 마주하지 않게 됨으로써 문제를 잠정적으로 덮어둔 상태일 가능성도 있다.

교회는 3040세대의 신앙적 회의를 단순한 일시적 감정의 기복으로 치부해서는 안 되며, 그 근간에 자리한 윤리적 신뢰의 결핍과 영적 본질의 왜곡을 정면으로 다루어야 할 책임이 있다.

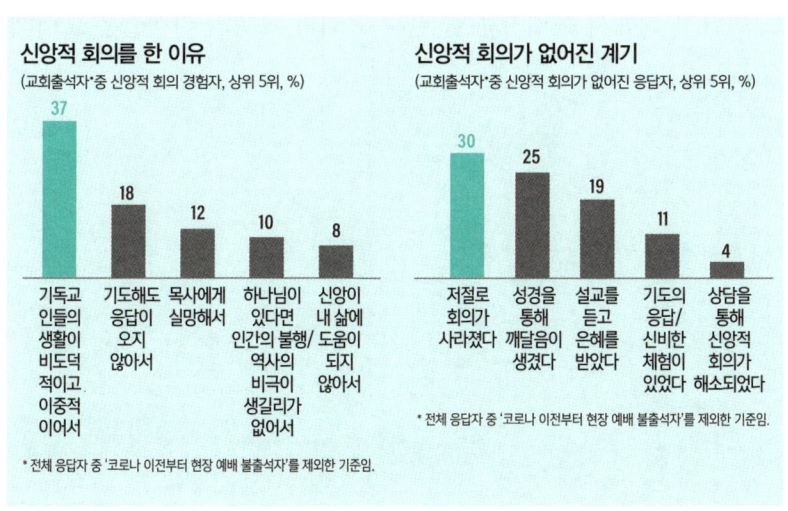

위 조사에서 교회출석자 3040을 대상으로 앞으로 10년후 교회출석에 대해 질문했다. 그 결과, 절반이 넘는(53%)수준에서 기독교 신앙을 유지하면서 계속 교회에 출석할 것을 표명했고, 44%는 교회이탈 의향 (기독교 신앙 버리고 교회 이탈 4% + 기독교 신앙 유지하면서 교회이탈 40%)을 보였다. 코로나 이후 현장예배 이탈자를 기준으로 살펴보면 10년 후 기독교 신앙을 버리고 교회 이탈 5%, 기독교 신앙을 유지하면서 교회 이탈 68% 등 73%가 교회이탈 의향을 보이고 있다. 이러한 결과들이 현재 한국교회 3040세대의 신앙수준이다.

이러한 문제들을 해결하고, 미래교회를 이끌어가는 신실한 그리스도인 3040세대를 세우기 위해 교회는 어떻게 해야 할까? 3040세대의 신앙 약화와 교회 이탈은 단순한 개인의 문제가 아니라, 교회의 구조와 문화, 그리고 사회적 환경과 밀접한 관련이 있다. 이들을 다시 교회로 이끌기 위해서 목회자는 물론 각 교회와 교회의 리더들은 노력해야 할 것이다.

5장
교회와 멀어질 수 밖에 없었던 3040

- 교회 언어는 3040을 담지 못한다 -

3040세대는 더 이상 교회의 익숙한 언어와 감성에 자연스럽게 반응하지 않는다.

그들에게 교회 안에서 오가는 말투와 종교적 표현들은 더 이상 '경건함의 언어'가 아니라, 시대와 괴리된 낯선 어법, 혹은 자기 삶과 상관없는 종교적 틀거리처럼 들리기도 한다. 이 세대가 자라온 문화적 배경은 디지털 환경, 수평적 관계, 공감 중심 소통이다. 그럼에도 불구하고 한국교회는 여전히 위계적인 말투, 일방적인 훈계식 설교, 권위주의적 리더십 구조를 유지하고 있다. "할렐루야", "아멘", "영적 전쟁", "사탄의 공격"과 같은 표현은 교회를 오래 다닌 이들에겐 익숙할 수 있으나, 3040세대에게는 과장되거나 비현실적으로 느껴지는 낯선 언어일 뿐이다.

『한국교회 3040 트렌드』는 이러한 현상을 다음과 같이 분석한다. "3040세대는 전통적인 교회 언어에 익숙하지 않으며, 오히려 현실적인 표현, 삶에 밀착된 이야기, 진솔한 대화에 더 큰 감동을 받는다."[13]

이런 언어적 거리감은 단순한 감정의 문제가 아니다. 신앙적 메시지가 마음에 닿지 못하는 근본적인 이유이며, 그 결과 이들은 유튜브 영상, 블로그, 오픈채팅방 등 보다 일상적이고 자기 언어에 가까운 채널에서 신앙적 공감을 추구하게 되는 것이다.

필자는 목회 현장에서 자주 마주하는 한 가지 의문이 있다. "모태신앙이라는데, 왜 이렇게 신앙적 기초가 약한가?"하는 것이다. 어릴 적부터 교회를 다녔고, 부모가 교회의 중직자이며, 주일학교와 수련회를 경험했고, 예배도 수없이 드렸던 이들이 막상 제자훈련이나 성경공부에 들어오면 기초적인 성경 지식, 교회 용어, 신앙적 사고방식조차 익숙하지 않음을 보이는 경우가 많다. '교육이 부재했던 것일까?

---

13) 이현철 외 6명, 「한국교회 3040 트렌드」 (서울 : 생명의 양식, 2024), 35.

교육은 있었지만 흡수되지 않은 것일까? 혹은 부모가 신앙의 삶을 잘 살아냈음에도 불구하고 자녀에게는 전달되지 못한 것일까?' 3040세대 가운데 교회 안에 남아 있는 사람들의 모습이 이 정도라면, 신앙이 없는 세상 속의 3040세대는 어떠할지 더 깊은 고민이 든다.

이 같은 현상의 한 원인은 한국교회의 구조적 문화에서 찾을 수 있다. 한국교회는 기본적으로 어른 중심의 문화위에 서 있다. 교회학교는 아이들이 주인공이어야 하지만, 실제로는 목회자와 교사들의 계획에 따라 움직인다. 청소년부도, 청년부도 마찬가지다. 아이들과 젊은이들의 생각이나 목소리는 반영되지 않고, 그저 "말 잘 듣고, 따라오기만 하면 된다"는 문화가 자리잡고 있다. 그러다 보니 학생들은 수동적 신앙 습관만 익히게 되고, 공동체에 대해 능동적 책임감이나 주인의식 없이 교회생활을 해오게 된다. 그렇게 자란 이들이 30대, 40대가 되었다. 세상에서는 책임자이고 리더이지만, 교회 안에서는 여전히 수동적이다. 결국 교회에 남아 있지만, 교회의 언어와 문화는 여전히 낯설다. 왜냐하면 그 교회는 나의 교회가 아니라, 부모님의 교회였고, 그 하나님은 나의 하나님이 아니라, 부모님의 하나님이었기 때문이다.

이제 교회는 물어야 한다.
"왜 우리 교회의 언어가 그들에게 낯선가?"

"왜 우리 교회의 문화가 그들에게 익숙하지 않은가?"

그 이유는 단순하다. 우리는 그들의 언어로 다가가지 않았고, 그들의 삶과 감성에 교회를 열지 않았기 때문이다. 3040세대가 다시 교회 안으로 들어오기 위해서는 교회가 사용하는 언어와 문화에 대한 철저한 점검과 변화가 필요하다. 그리고 더 나아가 지금 자라나는 다음세대에게도 또다시 이런 소외와 단절의 역사가 반복되지 않도록 지금부터 교회의 언어를 다시 정비하고, 문화를 다시 세워야 한다. 그것이 바로 교회의 미래를 준비하는 일이자, 3040세대를 다시 살리는 회복의 시작점이 될 것이다.

- 위에 있는 교회가 아닌 곁에 있는 교회를 원한다 -

3040세대는 더 이상 "참석함으로 신앙의 증거가 된다"는 시대를 살고 있지 않다. 이들은 단순히 존재하는 공동체가 아닌, 참여하고 의미를 찾는 공동체를 원한다. 그들에게 신앙은 더 이상 '자리를 지키는 행위'가 아니라, '삶과 연결되는 실제적 경험'이어야 한다. 그러나 많은 교회는 여전히 출석 여부, 헌금 액수, 봉사 시간 등 외형적 지표로 신앙을 측정한다. 형식적 참여가 곧 경건의 증거가 되는 듯한 구조, 일방적으로 결정되고 공지되는 방식, 질문하거나 다른 의견을 내는 것을 조심해야 하는 분위기 속에서 3040세대는 점점 소외감과 거리감을 느낀다.

「2021 교회탐구보고서」(한국기독교목회자협의회)에 따르면, 30~40대 신자 중 상당수가 "교회가 자신의 삶과 고민을 이해하지 못하며, 실제적인 도움이 되지 않는다"라고 응답했다. 특히 "내가 아니어도 교회는 잘 돌아간다"는 인식은, 교회가 참여의 공간이 아닌, 일방적 서비스 제공의 구조로 인식되고 있다는 사실을 보여준다.

목회 현장에서 필자가 직접 경험한 교회 운영 사례는 이를 반증한다. 더행복한교회를 개척할 당시, 교회를 운영하는 원칙은 분명했다. "교회는 담임목사 혼자 이끌어가는 곳이 아니라, 성도들과 함께 세워가는 공동체다." 이 원칙은 단순한 구호가 아니라 구체적인 제도로 구현되었다. 예를 들어, 주일 점심식사 문제. 공간과 인력이 제한된 상황에서 '김밥'을 기본 식사로 제공하자는 결정을 목회자나 운영진이 아닌 공청회를 통해 성도들과 함께 결정했다. 이후에도 잔반 문제로 자율부담금 도입 여부를 논의했고, 개인 1,000원, 교회 1,500원 분담으로 합의가 이뤄졌다. 코로나 이후에는 셀별로 자유 주문하되, 교회는 행정만 지원하는 형태로 전환되었다. 이 작은 변화 하나에도 리더들과 성도들의 의견이 반영되었고, 그 과정은 공동체의 주인의식을 더욱 강화시키는 계기가 되었다. 청소와 리모델링, 시설 운영, 셀 편성 등도 마찬가지다. 목회적인 모든 부분을 다 의논하는 것은 아니지만,

교회성도들과 연결된 중요한 사안은 함께 논의하고, 함께 결정하는 교회 문화 안에서 진행되었다. 그 결과, 성도들은 교회 일에 참여하는 것이 곧 나의 일이라는 책임감을 자연스럽게 갖게 되었다.

▲ 6층 리모델링시 페인트칠하는 집사님 & 청소년들

물론 지금은 작은 교회이기에 가능한 부분도 있다. 하지만 교회 규모의 문제가 아니라, 목회자의 태도와 리더십의 방향성이 더 중요하다. 3040세대가 교회 안에서 '존중받고 있다'라고 느낄 수 있도록, 그들의 의견을 경청하고, 참여의 기회를 열어주어야 한다. 그들의 생각은 때로 경험이 부족할 수도 있고, 교회 문화에 익숙하지 않을 수도 있다. 그러나 다르다고 해서 틀린 것은 아니다. 3040세대의 목소리를 묵살하는 대신, 그 안에 담긴 고민과 진심을 들을 수 있다면, 그들은 스스로를 소비자가 아닌 공동체의 일원, 주체로 인식하게 될 것이다.

반대로, 일방적인 결정 구조와 피드백 없는 행정, 참여 없는 사역 구조가 유지된다면, 이들은 이렇게 말하게 될 것이다.

"여기는 내가 있을 자리가 아닌 것 같아요."

"그냥 교회 다니지 말고, 혼자 신앙 유지하는 게 낫겠어요."

이러한 흐름이 결국 3040세대의 교회 이탈, 혹은 '소속 없는 신앙'(believing without belonging)의 확산으로 이어지는 것이다.

3040세대가 교회 사역에 주인의식을 갖고 참여하려면, 무엇보다 필요한 것은 거창한 프로그램이 아니라, 소통의 태도다. 많은 예산이 필요한 일도 아니다. 목회자와 중직자들이 마음을 열고, 이들의 이야기를 귀 기울여 들어주는 것, 그것이 시작이다.

그리고 이렇게 말해주는 것이다.

"당신의 이야기를 듣고 싶습니다."

"당신은 이 교회의 중요한 구성원입니다."

더행복한교회는 창립 10주년을 맞아 그동안의 걸음을 돌아보고, 현재를 진단하며, 앞으로의 방향을 함께 준비하고자 전 교인을 대상으로 각 분야별 설문조사를 실시했다. 여러 질문 중 하나인 셀모임에 관한 설문이었다. 질문은 단순했다.

"현재 셀모임에 참여하고 계신가요?"
"참여한다면, 월 몇 회 이상 모임에 참석하십니까?"

133명의 응답자 중 95.5%가 "참여하고 있다"라고 응답했고, 참여자 중 88.3%는 "월 3~4회 이상" 정기적으로 모임에 참여하고 있다고 답했다. 이 수치는 단순한 통계 그 이상이었다. 3040세대가 자발적으로 참여하고 있다는 증거, 그리고 공동체 안에 건강한 연결과 헌신이 살아 있다는 징표였다. (물론 셀모임에 참여하지 않고, 예배만 드리는 몇몇 성도들은 설문에 참여하지 않았기에 더 높은 수치가 나온 것도 사실이다)

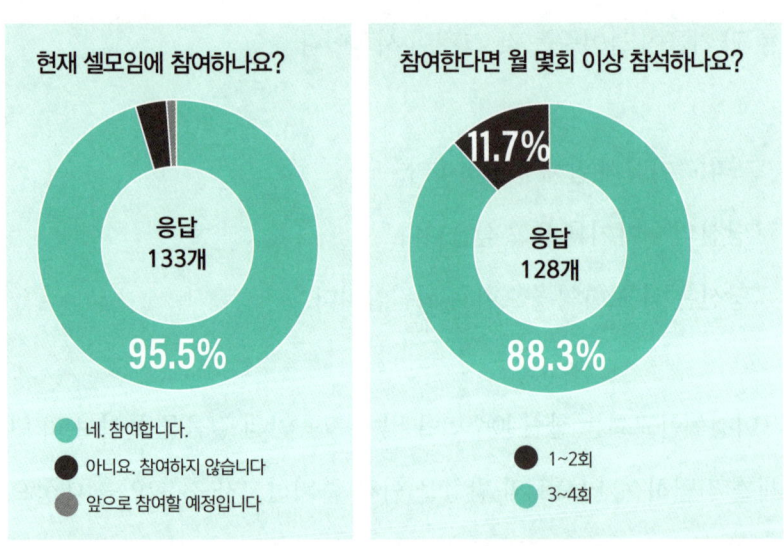

하지만 더 감동적인 장면은, 이 설문이 단지 통계로 끝나지 않았다는 점이다. 설문 결과는 주일 예배 후, 온 성도들과 함께 나누는 자리

를 마련했다. 모든 성도들이 모인 그 자리에서 조용히 의견을 나누고, 피드백을 듣고, 방향을 함께 의논하며, 해결책을 함께 찾아갔다.

그 순간 교회는 말하고 있었다.

"우리는 함께 이 교회를 세워가고 있습니다."

"당신의 의견이 중요합니다."

"당신이 이 공동체의 주인입니다."

이것이야말로 더행복한교회가 추구하는 공감의 공동체, 소통으로 세워지는 건강한 교회의 모습이었다. 3040세대는 단지 "일해 줄 사람"이 아니다. 그들은 누군가 자신의 이야기를 들어주기를, 진심으로 함께 해주기를 바라고 있다. 교회가 먼저 다가가고, 마음을 열어 함께 듣기 시작할 때, 그들은 기꺼이 교회라는 이름으로 헌신하고 동행하게 된다. 그럴 때 교회는 3040세대에게 단지 신앙의 공간이 아니라, 함께 꿈꾸고 세워가는 공동체로 다가갈 수 있을 것이다.

"함께 만든 공동체는, 함께 걸어가는 공동체가 된다."

- 공감하고 공감받기 원한다 -

3040세대는 '소속'이라는 단어를 이전 세대와 전혀 다른 정서로 받아들인다. 그들에게 '소속'은 더 이상 안정과 보호의 의미가 아니다. 오히려 구속과 통제의 상징처럼 느껴지기도 한다. 이들은 자율성을 중시하는 시대에 살고 있고, 모든 인간관계와 조직의 구조 속에서 자기주도성과 선택의 자유를 중요하게 여긴다. 그런 배경 속에서 교회가 말하는 '소속'은 어떤 이들에게는 함께함의 기쁨이 아니라, 부담과 피로의 시작점이 된다.

이러한 정서를 가장 잘 설명한 것이 앞에서도 나눴던 것처럼, 종교사회학자 그레이스 데이비(Grace Davie)가 제시한 '소속 없는 신앙'(believing without belonging)개념으로, 이미 30여 년 전, 영국과 유럽의 기독교인들이 여전히 하나님을 믿고 있음에도 불구하고, 교회라는 제도적 구조에 거리감을 느끼고 소속되기를 꺼려한다는 사실이다.

이러한 현상은 단지 서구 사회에만 국한되지 않는다. 지금 한국교회의 3040세대 안에서도 동일한 흐름이 뚜렷하게 반복되고 있다. 이들은 여전히 하나님을 신뢰하고 있으며, 기도하고 싶고, 신앙을 유지하고 싶어 한다. 그럼에도 불구하고 교회 공동체에 '속하라'는 말은 그들에게 때로 위협처럼 느껴진다.

한국교회는 종종 "공동체에 속하라"라고 말한다. 하지만 그 말 뒤에는 '말을 잘 들어야 한다', '희생해야 한다', '헌신하라'는 일방적인 요구와 통제적 기대가 숨어 있는 경우가 많다. 소속을 요청하면서도 실제 구성원들의 삶이나 목소리에는 귀 기울이지 않는 구조다. 정작 소속되어도 주도적으로 무언가를 결정할 수 없고, 의견을 내면 불편해하는 문화는, 3040세대에게 신앙이 아닌 피로감으로 작용한다. 그 결과, 소속은 헌신이 아니라 짐이 되고, 공동체는 위로가 아니라 스트레스로 전환된다.

필자가 이 책의 내용을 담담히 글로 적을 수 있는 것은, 수많은 청년들과 젊은 부부들을 만나며 직접 경험하고, 부딪히고, 공감해온 시간들이 있었기 때문이다. 그들 중에는 중직자의 자녀들, 목회자의 자녀들도 많았다. 하지만 때로 그들에게 "교회에 등록하세요", "셀모임에 참여해 보세요"라는 권면은 단순한 소속의 요청이 아니라, 부담스럽고 조심스러운 권유로 들리기도 했다.

그럴 때마다 필자의 성향과 경험이 도움이 되었다. 필자 자신도 누군가의 강요를 싫어한다. 그래서 나도 누군가에게 강요하지 않으려 애쓴다. 교회 등록이든, 셀모임 참여든 마음이 움직이지 않은 상태에서의 참여는 오래가지 않는다는 사실을 오랜 시간의 사역을 통해 배워왔기 때문이다.

물론 소속은 필요하다. 공동체는 연결 속에서 자라고, 신앙은 뿌리를 내려야 열매를 맺는다. 하지만 그것이 억지로 이루어진다면 공동체의 의미도, 신앙의 깊이도 오래 지속될 수 없다. 그래서 더행복한교회는 조금 느려도 자연스러운 참여를 소중히 여긴다. 지금도 우리 공동체에는 1년이 넘도록 교회에 등록하지 않고, 매주 예배만 드리다가 등록하고, 셀모임에서 충성스럽게 역할을 감당하는 성도들이 계신다. 또한 현재도 등록하지 않은 상태로 조용히 예배에만 참여하는 분들도 있다.

솔직히 말하면, 매주 얼굴을 마주할 때마다 속으로는 "이제 등록하시겠어요?", "소속이 되셔야 해요"라고 말하고 싶은 마음이 있다. 하지만 그분의 존재와 사연을 존중하며 묵묵히 기다린다. 왜냐하면 분명 그만한 이유가 있으리라 믿기 때문이다. 어쩌면, 세상에서 깊은 상처를 입고 돌아오는 탕자일 수도 있고, 차마 말 못할 무게를 안고 예배의 자리에 앉아 있는 이들일지도 모르기 때문이다.

그래서 더행복한교회는 그들이 스스로 마음이 움직일 때까지, 자발적으로 하나님께 나아올 때까지, 함께 기다려주는 공동체가 되기를 선택했다. 강요보다 기다림이 사람을 변화시킨다. 그리고 그 기다림 속에서 사람은 다시 하나님을 만나고, 공동체는 다시 사랑이 살아 있는 공간이 된다.

소속에 대한 거부감은 단지 심리적 피로감 때문만이 아니다. 보다 구조적인 신뢰 붕괴가 자리잡고 있다. 최근 수년간 일부 대형교회에서 발생한 재정비리, 성적 스캔들, 목회자의 윤리 문제, 목회자들의 언행불일치 등은 3040세대가 교회를 바라보는 눈을 "신뢰할 수 없는 조직"으로 바꾸는 결정적 사건이 되었다. 이들은 더 이상 "하나님을 믿기 위해 반드시 교회에 다녀야 한다"는 기존의 전제를 당연하게 받아들이지 않는다. 믿음과 교회 소속을 분리해서 생각하는 시대적 전환의 한가운데에 3040세대는 서 있다. 교회를 떠난 것이 아니라, 교회를 믿을 수 없어 거리를 둔 것이다.

10주년을 준비하며, 더행복한교회는 전 교인을 대상으로 설문조사를 진행했다. 그 가운데 하나는 이런 질문이었다. "당신은 왜 더행복한교회에 등록하셨나요?" 예상대로 예배와 설교, 셀 공동체, 교회학교등 다양한 이유가 나왔다. 각자 다른 삶의 자리를 살아가는 성도들이기에 그들이 교회를 선택한 이유 또한 각양각색이었다. 하지만 조사를 정리하던 중, 가장 많은 이들이 선택한 응답 항목을 보며 필자의 마음은 멈칫할 수밖에 없었다.

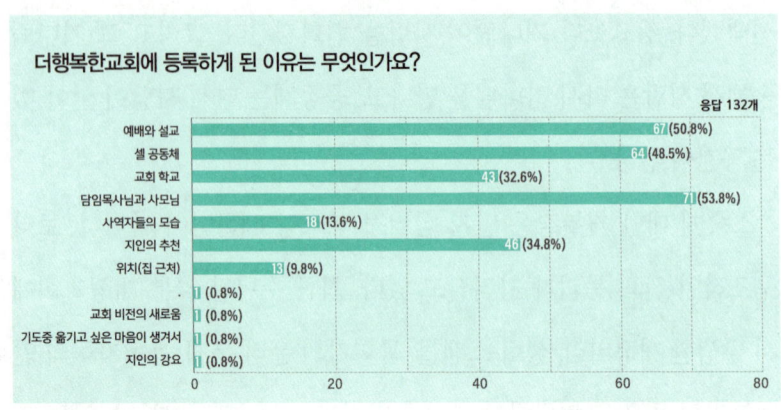

"담임목사님과 사모님의 모습을 보고 등록을 결정했습니다."

이 문장을 읽으며, 솔직히 조금은 쑥스러웠다. 그리고 동시에 깊은 책임감이 밀려왔다. 더행복한교회를 찾은 이들이 복음의 메시지뿐 아니라, 그 메시지를 전하는 사람의 삶을 통해 공동체를 만나고, 교회를 신뢰하고, 등록을 결심했다는 것이다.

이런 고백은 단지 목회자 개인에 대한 평가가 아니라, 교회 전체에 대한 기대와 신뢰, 그리고 따뜻한 시선이 담긴 것이리라. 물론 교회의 본질은 언제나 복음에 있다. 그러나 누군가에게는 그 복음을 먼저 보여주는 사람이 목회자 한 사람, 사모 한 사람이 될 수 있다는 사실을 다시금 깊이 마음에 새기게 되었다.

이 모든 것이 하나님의 은혜이며, 함께 교회를 세워가는 성도 한 사람 한 사람의 수고 덕분이다. 교회는 프로그램보다 사람이다. 그리고 사람이 감동을 주는 순간, 하나님은 그 자리에 임하신다.

이제 교회는 묻지 않으면 안 된다.
"그들이 왜 소속되기를 주저하는가?"
"우리는 정말 그들이 머무르고 싶은 공동체의 모습을 하고 있는가?"
"우리의 소속 요청은 그들의 자유와 존엄을 존중하고 있는가?"

3040세대는 신앙을 버리지 않았다. 하지만 신앙을 온전히 누릴 수 있는 공동체를 더 이상 교회 안에서 발견하지 못하고 있을 뿐이다. 그들이 다시 교회에 마음을 열기 위해서는 소속을 강요하기 전에, 신뢰할 수 있는 교회, 존중받을 수 있는 공동체로 변화되어야 한다. 그 변화는 제도 이전에, 목회자와 교회의 태도 전환에서부터 시작된다.

6장
교회가 잃어버린 3040

> **- 종교적인 것을 거부하고 영적인 것을 추구한다 -**

최근 종교사회학에서 주목받고 있는 개념 중 하나는 바로 SBNR(Spiritual But Not Religious)이다. 말 그대로 '종교적이지는 않지만 영적인' 사람들을 일컫는 용어로, 제도권 교회에 소속되지는 않지만 여전히 영성을 추구하고 신앙을 유지하려는 사람들을 지칭한다. 이들은 교회의 전통이나 예배 방식, 목회자의 권위 아래에 머무르기보다는, 자기 주도적이고 개인화된 방식으로 신앙을 실천하려는 경향을 보인다.

SBNR 현상은 이전에는 주로 2030세대에서 발견되었지만, 코로나19 팬데믹 이후 3040세대에서도 급속히 확산되고 있다. 온라인 예배의 보편화는 신앙을 '공간 중심의 신앙'에서 '콘텐츠 중심의 신앙'으로 전환시키는 계기가 되었고, 많은 이들이 "꼭 교회에 출석하지 않아도 신앙생활은 가능하다"는 경험적 확신을 갖게 되었다. 하지만 이들은 신앙을 포기한 것이 아니다. 오히려 기도하고 싶고, 말씀을 듣고 싶고, 하나님을 알고 싶은 갈망은 여전히 존재한다. 다만, 그 갈망을 교회라는 구조 안에서 채울 수 없다고 느낄 뿐이다.

이 세대는 공동체의 소속감이나 조직적 책임감보다, 신앙이 삶에 얼마나 의미와 위로를 주는지를 기준으로 판단한다. 과거 한국사회가 '우리' 중심의 공동체 문화였다면, 지금은 '나' 중심의 개인 문화가 깊게 자리 잡고 있다. 신앙의 방식도 마찬가지다. 3040세대는 예배의 분위기보다 메시지의 진정성, 공동체의 규모보다 관계의 진실성을 추구한다. SBNR은 단순한 개인의 취향을 넘어, 탈현대적 시대정신과 맞닿아 있는 현상이다. 거대 담론과 절대 진리에 대한 회의 속에서, 이들은 자신만의 방식으로 하나님을 만나고자 한다. 그들에게 교회는 하나의 방식일 뿐, 유일한 답은 아니다.

이러한 흐름은 한국교회에 심각한 충격을 주고 있다. 3040세대가 교회를 떠나면서, 그 자녀세대인 다음세대 역시 교회와 멀어지고 있다. 이는 단순한 출석률의 문제가 아니라, 교회의 미래와 신앙의 대물림 자체가 위협받고 있다는 뜻이다. 부모가 교회를 떠나면, 자녀가 교회에 들어올 이유가 사라진다. 지금 한국교회는 '가정에서의 신앙 유산 단절 → 교회학교 참여 저하 → 다음세대 부재 → 교회 미래의 해체'라는 악순환 속에 있다.

이제 교회는 SBNR 현상을 '신앙이 약해졌다', '게을러졌다'는 식의 도덕적 판단으로 접근해서는 안 된다. 이는 새로운 시대의 신앙 감수성에 대한 질문이며, 기존 교회의 형식과 내용이 과연 오늘날 신앙의 언어가 될 수 있는지를 묻는 도전이다. 단순한 예배 참석이나 봉사 동원으로는 이들의 마음을 붙잡을 수 없다. 교회는 이제, 그들이 왜 교회를 떠났는지를 듣고, 그럼에도 불구하고 왜 여전히 하나님을 찾는지를 함께 고민해야 한다.

이 시대의 교회는, 제도적인 것은 거부하지만 영적인 것은 여전히 추구하는 이들을 위한 새로운 신앙 공동체의 형태를 준비해야 한다. 다시 말해, '소속의 틀'보다 '만남의 장'이 되어야 하고, '관계의 구조'보다 '의미의 공간'이 되어야 한다. 이것이 SBNR 시대에 교회가 살아남을 수 있는 길이며, 3040세대를 다시 숨 쉬게 할 수 있는 회복의 시작점이다.

- 개인화된 신앙을 추구한다 -

한국 개신교 내에서 "신앙은 있지만 교회에 출석하지 않는 성도"를 지칭하는 신조어가 있다. '안 나가'의 음절을 거꾸로 배열하여 만든 '가나안 성도'이다. '가나안 성도'라는 용어는 2010년대 초반부터 한국 교계에서 사용되기 시작했다. 특히 2013년, 실천신학대학원대학교 조성돈 교수와 정재영 교수가 진행한 연구에서 이 용어가 본격적으로 학술적 논의에 포함되었다. 이들은 교회 공동체에 소속되지 않지만, 개인적으로 신앙을 유지하거나 영적 관심을 지속하는 특징이 있다. 가나안 성도라 부르는 이들이 말하는 가장 큰 부담은 신앙에 대한 강요이다. 심지어 폭력적이라는 표현이 나올 정도로 신앙을 강요한다. 그것이 구원에 대한 고백이던 감정 표현에 대한 것이든 강요받는 것에 폭력성을 경험하는 것이다. 심지어 어느 한 분의 이야기에 의하면 진리에 대한 의문을 제기했다가 '쥐 잡듯'한 추궁을 들어야 했다고 한다. 또 어느 경우는 감정에 의한 것이다. 집회 가운데서 모두가 눈물을 흘리고 있는데 자신만이 냉정할 때 그 눈물을 강요당하다고 할 수 있다. 또는 경배와 찬양으로 모두가 몰입되어 있다면 그러한 분위기를 강요당하고 있다고 할 수 있다.

3040세대 가나안 성도들은 대부분 어린 시절부터 교회를 다녔다.

성인이 되면서 교회의 제도적이고 획일화된 분위기, 그리고 여전히 잔존하는 권위주의적 리더십에 대한 반감을 품고 교회 공동체를 떠난 경우가 많다. 이들은 신앙 자체를 포기한 것이 아니라, 오히려 교회라는 제도적 틀을 벗어나 개인적인 영성과 자기만의 신앙 방식을 모색하는 특징을 보인다. 말하자면, 교회 밖에서 새로운 형태의 '신앙생활'을 이어가고 있는 셈이다.

필자가 섬기고 있는 더행복한교회는 30~40대 성도들 중 많은 이들이 모태신앙인이거나, 어린 시절부터 신앙생활을 해온 이들이다. 하지만 모든 여정이 순탄했던 것은 아니다. 그중에는 한때 '가나안 성도'로 불리던 이들도 있다. 누군가는 고등학교를 졸업한 뒤 교회를 떠났고, 결혼 후에도 자기만의 방식으로 신앙을 유지해 오던 중, 더행복한교회를 만나면서 다시 신앙의 공동체 안으로 들어오게 되었다.

또 어떤 이는 불신 배우자와의 결혼으로 교회를 멀리하게 되었지만, 지인의 꾸준한 초대와 사랑 속에 오랜 시간을 돌아 다시 교회의 문을 두드리게 되었다. 이들은 교회를 떠나 있었지만, 신앙을 완전히 놓은 것이 아니었다. 삶의 자리에서, 때로는 조용한 눈물 속에서 여전히 예수 그리스도를 붙들고 있었고, 마음 한 켠에 복음의 씨앗을 간직하고 있었다고 고백한다.

이러한 현상들은 실증적 조사에서도 뚜렷하게 드러난다. 실천신학대학원대학교 21세기교회연구소, 한국교회탐구센터, 목회데이터연구소가 공동 발표한 '3040세대 개신교인 신앙의식 조사'(2022)에 따르면, 전체 응답자 700명 가운데 현장 예배에 참석하고 있다고 응답한 비율은 44%(308명)였고, 코로나 이전부터 교회를 출석하지 않은 이들은 23%(160명), 코로나 이후 현장 예배를 이탈한 이들은 33%(232명)로 나타났다.

이는 3040세대 중 기존부터 가나안 성도로 지내온 이들이 23%에 달하며, 여기에 코로나 팬데믹 이후 예배를 이탈한 33%까지 더하면, 전체의 절반 이상이 교회 현장 예배로부터 멀어진 상태임을 의미한다. 특히 눈에 띄는 점은, 코로나 이전까지 교회를 출석하던 540명 중 무려 43%(232명)가 코로나 이후 현장 예배를 중단하며 새로운 가나안 성도로 전환되었다는 사실이다. [14]

이러한 수치는 단순한 예배 이탈을 넘어, 제도 교회에 대한 구조적 피로감과 회의감이 3040세대의 신앙생활에 얼마나 깊은 영향을 미치고 있는지를 보여준다. 그들은 신앙을 버린 것이 아니라, 더 이상 '교회다운 교회' 안에서 자신의 신앙을 유지할 수 없다고 느끼고 있는 것이다. 따라서 오늘날 3040세대의 가나안 성도 현상은 교회의 외연 축소를 넘어, 제도 교회에 대한 신뢰 상실과 영적 중심 이동의 결과로 이해되어야 한다.

---

14) 교갱협, 「3040세대 개신교인 신앙의식 조사」, 2022. 12. 30.

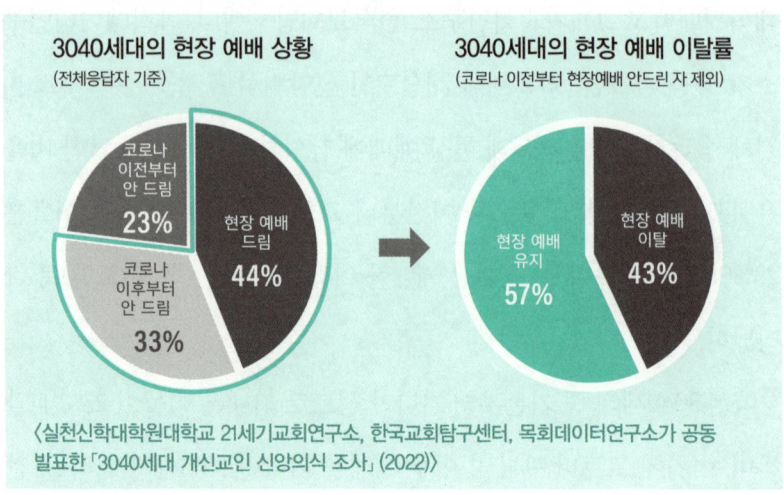

〈실천신학대학원대학교 21세기교회연구소, 한국교회탐구센터, 목회데이터연구소가 공동 발표한 「3040세대 개신교인 신앙의식 조사」 (2022)〉

3040세대의 중요한 시기에 가나안 성도가 되는 이유는 삶의 부담과 시간적인 여유가 부족하기 때문이다. 3040세대는 직장과 가정에서 모두 많은 책임을 지는 시기로, 가사, 육아와 직장, 사회생활로 인해 몸과 마음이 지쳐 신앙생활에 소홀해지기 쉽다. 게다가 신앙의 목적 변화, 교회와의 거리감, 코로나19의 영향, 그리고 교회의 세대맞춤 지원 부족 등 복합적인 이유로 가나안 성도가 되는 경향이 크다. 이들은 신앙을 유지하려는 마음은 있지만, 제도적 교회 참여에 부담을 느끼거나 소속감을 갖지 못해 교회 밖에 머무르는 경우가 많다.

3040세대는 청년과 장년을 잇는 '허리 세대'이자, 앞으로 20년 후 교회의 실질적 리더가 될 세대이다. 이 세대의 신앙 약화와 교회 이탈은 곧 교회 리더십의 약화로 이어지며, 교회의 지속가능성에 심각한 위협이 된다. 3040세대는 1~10대의 자녀를 둔 연령층으로, 이들이 교회에 머물지 않으면 자녀 세대(다음세대)의 교회학교 참여도 급격히 줄어든다. 실제로 교회학교 학생 수가 빠르게 감소하는 현상은 3040세대의 이탈과 밀접한 관련이 있다. 이는 신앙의 대물림과 교회 미래 세대 양성에 치명적인 영향을 미친다.

이 세대의 이탈은 교회 내 세대 간 소통과 협업의 기회를 줄이고, 공동체성을 약화시킨다. 3040세대는 다양한 세대와의 협업 선교, 봉사 등에서 중요한 역할을 할 수 있는데, 이들의 부재는 교회 활동의 다양성과 역동성을 떨어뜨린다. 3040세대가 교회에 정착하지 못하면, 교회는 새로운 리더와 헌신자를 확보하지 못해 성장 동력을 잃는다. 실제로 코로나19 이후 이 세대의 현장예배 이탈률이 43%에 달하며, 앞으로 10년 내 50%가 가나안 성도가 될 것이라는 전망도 있다. 이는 교회 출석자 수의 감소와 교회 쇠퇴로 이어질 수 있다.

3040세대는 사회적으로도 영향력이 큰 집단이다. 이들이 교회에 소속감을 갖지 못하고 신앙적 회의감이 높아질수록, 교회는 사회적 신뢰와 책임을 다하기 어려워진다. 기존의 목회 방식이나 신앙생활이 이들에게 설득력을 잃고 있다는 신호이기도 하다. 3040세대의 이탈은 교회가 이들의 필요와 코드에 맞는 사역, 설교, 교제 방식을 개발하도록 압박한다. 이들의 정착 여부에 따라 교회의 체질 개선과 프로그램 혁신이 요구된다.

- 신앙표현의 자유를 추구한다 -

"패션처럼 신앙을 고르고, 신념처럼 취향을 따른다
- 3040세대와 패션종교"

오늘날 3040세대의 신앙을 설명하는 데 있어, 종교사회학과 문화담론 속에서 새롭게 주목받는 두 가지 키워드가 있다. 바로 '패션종교(Fashion Religion)'와 '패션 크리스천(Fashion Christian)'이다. 이 두 용어는 얼핏 유사하게 들리지만, 그 뿌리와 맥락, 그리고 신앙에 대한 접근 방식에서 분명한 차이를 보여준다.

'패션종교'라는 개념은 단순히 패션을 사랑하는 현상을 넘어, 패션 자체를 일종의 신념 체계로 따르고 소비하는 태도에서 유래한다. 이 용어는 미국 종교·민주화연구소(IR&D)가 주최한 복음주의자 연합 패널 토론에서 처음 사용되었으며, 당시 젊은 복음주의자들은 다음과 같이 진단했다. "오늘날 젊은 세대의 신앙은 passion(열정)이 아니라, fashion(패션)이 되고 있다."

이 말은 단순한 언어유희가 아니다. 이제 많은 이들에게 신앙은 절대 진리나 헌신의 문제라기보다는, 자신의 감성, 상황, 취향에 따라 선택되고 조율되는 라이프스타일의 한 요소가 되어버렸다는 것이다. 실제로 3040세대는 교회를 선택할 때, 소속감이나 전통적 헌신보다 자기감정과 어울리는 예배 분위기, 설교자의 화법, 공동체의 정서적 합을 기준으로 삼는다. 그들은 교회보다 유튜브, 블로그, 팟캐스트에서 '나에게 맞는 말씀'을 찾아 듣고, 공동체보다는 콘텐츠 기반의 신앙 경험을 우선한다.

이러한 태도는 결코 신앙의 포기나 무관심이 아니다. 오히려 신앙을 자기 삶에 맞게 '재디자인'하려는 새로운 방식의 영성 추구라 할 수 있다. 문제는 이러한 태도가 지속적인 헌신, 공동체적 책임, 영적 성장이라는 교회의 본질과는 점점 멀어지고 있다는 점이다.

이와는 다른 결의 개념으로 등장한 것이 '패션 크리스천'이다. 패션 크리스천은 말 그대로 패션을 통해 자신의 신앙을 세련되고 현대적으로 표현하는 신자들을 의미한다. 십자가 펜던트, 말씀 구절이 적힌 티셔츠, 절제된 단정한 스타일 등은 그들의 신앙을 외적으로 드러내는 하나의 문화적 언어다. 이들은 패션을 단순한 유행이 아닌, 신앙의 정체성과 메시지를 자연스럽게 녹여낸 '문화적 신앙 표현'의 수단으로 사용한다. 이는 전통적인 복장 규범이나 '경건한 외형'을 강조하는 방식과는 다르다. 대신 신앙과 세속문화의 경계를 부드럽게 넘나들며, 일상 속에서 신앙을 드러내는 도구로 패션을 활용하는 것이다. 3040 세대 중 일부는 바로 이러한 '패션 크리스천'의 감성에 반응한다. 그들에게 신앙은 고리타분한 예배 의무가 아니라, 삶의 미학과 메시지로 연결되어야 할 무엇이다. 복음을 전할 때에도 딱딱한 언어보다 세련된 감성과 문화적 연출을 통해 접근하려는 경향을 보인다.

'패션종교'는 신앙의 소비적 측면을 비판적으로 드러낸 개념이라면, '패션 크리스천'은 신앙의 표현 방식의 다양화로 이해할 수 있다. 이처럼 패션종교와 패션 크리스천이라는 개념은 3040세대가 왜 기존 교회의 방식에 머물기 어려워졌는지, 또한 어떻게 새로운 방식으로 신앙을 해석하고 표현하고자 하는지를 보여주는 하나의 문화적 코드이다.

교회는 이 현상들을 단순히 '세속화'나 '불성실함'으로만 치부할 것이 아니라, 그 속에 담긴 변화의 언어를 해석하고, 새로운 복음적 접근을 위한 기회로 삼아야 한다. 3040세대는 지금도 하나님을 찾고 있고, 신앙을 가지고 있다. 다만, 그들은 더 이상 낡은 틀에 머물러 있기를 원하지 않는다. 그들에게는 새로운 언어, 새로운 공간, 새로운 연결 방식이 필요하다. 그리고 그것을 이해하는 것이 미래의 교회를 준비하는 첫걸음이 될 것이다.

- 교회가 삶에 관심을 가져주길 추구한다 -

3040세대는 신앙을 포기한 것이 아니라 오히려 삶의 무게 속에서 신앙을 간절히 붙들고 싶어한다. 누군가 자신들의 이야기를 들어주고, 이해해주며, 함께 울어주기를 바란다. 그러나 교회는 그들의 삶에 깊이 관심 갖지 못했다. 말씀의 벽은 여전히 높았고, 예배는 여전히 형식적이었으며, 설교는 현실의 언어가 아니었다. 기도 제목은 있었지만, 함께 울어주는 사람은 없었다. 신앙적 위로는 주어졌지만, 삶의 방향에 대한 구체적인 지혜와 길잡이는 부재했다. 그 결과 3040세대는 "하나님은 여전히 믿지만, 교회는 더 이상 나의 삶을 이해하지 못한다."라고 느꼈다. 교회는 소속감을 주는 공간이 아니라, 죄책감만을 더하는 공간으로 교회를 받아들이게 된 것이다.

교회는 왜 그들의 삶에 개입하지 못했는가?

그 이유는 단순하면서도 본질적이다. 교회는 너무 바빴고, 너무 멀었다. 바쁘다는 말은, 교회가 프로그램과 행사, 건물 관리와 운영에만 몰두했다는 뜻이고, 멀었다는 말은, 그들의 언어를 듣지도, 배우지도, 공감하려 하지도 않았다는 뜻이다.

3040세대는 일과 가정, 자녀 교육, 재정 문제, 건강과 미래에 대한 압박이 동시에 겹쳐 있는 압축적 세대다. 이 세대는 설교보다 상담이 필요했고, 성경 공부보다 공감이 필요했으며, 말씀 해석보다 '나를 이해해 주는 한 사람'이 더 절실했다. 하지만 교회는 여전히 "이 시간에 모이자", "이 사역은 꼭 해야 한다", "이 헌신은 감당하라"는 일방적인 공식과 명령의 언어만 반복했다. 그 사이, 3040세대는 조용히 교회를 떠나갔고, 교회는 그들의 빈자리를 감지하지 못했다.

목회자는 왜 방관했는가?

더 깊이 묻게 된다.

"목회자는 왜 그들의 이탈을 알아채지 못했는가?"

"혹은 알고도 왜 붙잡지 않았는가?"

첫째는 '충성된 소수' 중심의 목회 패턴 때문이다. 3040세대는 아직 교회에서 중직도 아니고, 주도적인 헌신 세력도 아니기에, 목회자의 눈에 들어오지 않는다. 리더들 중심의 사역이 굳어지면서, 교회 안에도 '목회의 사각지대'가 생겨난 것이다.

둘째는 '고정된 사역 모델'에 안주한 리더십 때문이다. 젊은 세대는 변했지만, 목회의 언어와 구조는 변하지 않았다. 변화의 필요를 느끼면서도, "그들도 언젠가는 돌아오겠지"라는 소극적인 기대만 품은 채 현실을 관망한 결과, 더 큰 이탈과 단절을 초래했다.

셋째는 '공감의 무지'였다. 3040세대가 겪는 삶의 복잡성과 정서적 고립을 목회자가 경험해보지 않았거나, 알려고 하지 않았기 때문이다. 과거 한 교회에서 강의 중, 담임목회자가 "젊은이들이 자기들 좀 챙겨달라고 하는데, 도대체 어떻게 챙겨야 할지를 모르겠다"라고 털어놓던 장면은 그 대표적 사례다.

   3040세대는 하나부터 열까지 가르치고 보여주어야 하는 손이 많이 가는 세대다. 반면 장년 세대는 신앙에 비교적 익숙하고 수월해 손이 덜 간다. 결국 편한 대상인 장년을 향해 목회의 에너지가 쏠렸고, 그 결과 젊은 세대는 교회 안에서도 방치되었다. 결국 그들은 떠났지만 교회는 지켜보기만 했고, 목회자는 반응하지 않았다. 반응할 수 없었다. 그 침묵은 결국 방관이었고, 외면이었으며, 교회의 실패로 이어져 오늘에 이르게 되었다.

   모든 교회가 다 그러한 것은 아니다. 필자가 섬기는 더행복한교회는 다르게 목회하고 있다. 우리 교회의 강점은 단순히 '3040세대가 많다'는 데 있지 않다. 진짜 강점은, 목회자가 성도들의 삶에 깊이 들어가고 있다는 점에 있다. 기도 제목을 넘어서, 눈물을 이해하고, 자녀 문제에 함께 고민하고, 가정의 싸움과 갈등 앞에 중보자로 서는 목회가 이뤄지고 있다. 누군가는 묻는다. "꼭 그렇게까지 해야 하나요? 그냥 모른 척하면 안 되나요?" 하지만 요한복음 10장에서 예수님은 선한 목자는 양을 알고, 그 생명을 위해 목숨까지 내어놓는다고 하셨다. 양의 삶에 관심이 없다면, 그는 결코 선한 목자라 할 수 없다. 필자는 대형교회에서 사역하던 시절에도, 그리고 지금의 더행복한교회에서도, 항상 같은 원칙으로 목회하고 있다. 앞에 보이는 리더들만 챙기는 것이 아니라, 주일에 한 번 겨우 만나는 성도님들, 심지어 믿지 않는 남편이나 부모까지도 품고 섬긴다. 놀라운 사실은 셀리더와 MG리더들도 공동체 멤버들을 그렇게 섬기고 있다. 이것이 바로 더행복한교회에 3040세대들이 모이는 이유가 아닐까?

아래는 10주년을 준비하며, 성도들에게 받은 설문결과 중 한 부분이다. 아래 내용을 통해 더행복한교회와 담임목회자 부부가 3040세대에게 어떻게 다가가고 있는지를 엿볼 수 있을 것이다.

3040세대는 그렇게 삶으로 목회하는 교회에서 비로소 다시 숨 쉬고 있다. 교회를 '공간'으로 다시 찾고 있고, 신앙을 '생활'로 다시 살아내고 있다. 그들은 돌아오고 있고, 그 이유는 단순하다. 이번에는 교회가 먼저 삶으로 다가갔기 때문이다. 목회자가 먼저 다가갈 때 3040세대는 다시 돌아올 것이고, 다시 숨을 쉴 것이다.

> 지난 10년 동안 특별히 감사했던 순간이 있다면 적어주세요. (단답형)
> 자유롭게 한두 문장 정도로 적어주시면 됩니다.
>
> 응답 106개
>
> 아이가 사고났을 때 바로 달려와 함께 해주시고 함께 기도해주셨던 공동체에 정말 감사했습니다.

힘들고 어려운 순간순간마다 기도해 주셔서 감사합니다.

타지에 살다가 안산으로 이사와서 좋은 교회에 등록하고, 좋은 공동체에 함께해서 감사.

쉽게 주시지 않았던 첫째와 평안한 가운데 주신 둘째입니다.

마더와이즈, 셀 모임, 목사님 사모님과의 만남

사랑합니다.

"공동체를 통해" 하나님의 사랑과 은혜를 여과 없이 경험한 것이 너무나도 감사합니다.

아이들이 하나님과 함께 자라는 것을 느끼는 것이 매일 감사합니다.

가족같은 분위기에서 늘 내일처럼 걱정하고 마음써주심에 매순간 감사드려요 :)
사실 대형교회에서 목사님에 대한 신뢰가 많이 무너진 상태였는데 이런분이 목사님이시구나를 알게 해주셔서 감사합니다. ♥

3부

더행복한교회의

실험과 전환

30
40
지금, 교회는 다시 숨 쉬어야 한다

**심폐
소생**

7장
삶과 연결되는 교회

- 더행복한교회는 3040목회의 대안이다 -

2015년 7월 5일, 더행복한교회가 첫발을 내디뎠다. 그 시작은 단순한 개척의 결정이 아니라, 오랜 시간에 걸쳐 축적된 사역의 경험과 젊은 세대에 대한 깊은 고민이 만들어낸 응답이었다. 필자는 안산동산교회에서 18년 동안 부교역자로 사역하며, 청년부와 교구 사역, 그리고 결혼 초창기의 젊은 부부들을 중심으로 한 '블루오션 공동체'를 섬겼다.

당시 청년 공동체는 약 1,000명에 달했으며, 청년들과 함께 울고 웃으며, 셀 공동체를 세우고, 예배에 전심을 다하며 하나님의 나라를 함께 꿈꾸던 시간은 사역의 정수이자 소명 그 자체였다. 이후 LA사랑의교회 청년사역을 위한 미국행을 준비했으나 비자 문제와 건강상의 이유로 다시 한국에 머물게 되었고, 그 시점에서 안산동산교회로부터 다시 부름을 받았다. 그때 새롭게 시작된 사역이 바로 청년부에서 결혼한 이들이 중심이 된 3040세대 신혼부부 공동체, 즉 '블루오션 공동체'였다.

이 공동체는 청년부를 졸업한 후 장년부로 자연스럽게 편입되지 못한 이들이 사라지는 현상을 해결하고자 시도된 새로운 형태의 사역이었다. 조직상으로는 장년교구에 속했지만, 구성원은 전혀 달랐다. 평균 나이 30대 초반, 막 결혼한 부부들이 주축이었다. 초기 구성은 23가정, 총 46명. 이들의 필요는 분명했지만 교회의 기존 구조는 이를 담아내기에 충분하지 않았다.

목회자인 나는 이들이 교회로부터 단절되지 않도록 연결하는 '다리' 역할을 감당해야 했다. 청년부의 공동체성과 장년부의 질서를 함께 품고 가는 일은 결코 쉽지 않았다. 결정적인 계기가 된 사건이 있었다.

어느 날, 장년교구 리더들과 블루오션 리더들이 함께한 모임에서, 한 젊은 리더가 회사에서 겪는 상사와의 갈등을 솔직하게 고백했다. 그러나 대기업 간부로 있던 장년 리더는 "그건 요즘 젊은이들의 이기주의 아닌가?"라고 단호히 말했다. 그 말 한마디에 분위기는 급속히

얼어붙었고, 젊은 리더들은 더 이상 입을 열지 않았다.

 그 순간 나는 깨달았다. 젊은 세대는 조직의 논리나 기성세대의 언어로는 이해할 수 없는, 공감의 질서와 감성의 리듬 속에서 움직인다는 것을. 이 사건은 블루오션 리더 모임을 장년 리더 모임과 분리해야겠다는 결단으로 이어졌다. 주간에는 장년교구 리더 모임, 야간에는 블루오션 리더 모임을 따로 진행했다. 목회자로서 두 배의 시간과 에너지가 들었지만, 이 선택은 공동체를 살리는 중요한 전환점이 되었다.

 그 이후 블루오션 공동체는 놀라운 속도로 성장했다. 셀 모임은 더욱 활기를 띠었고, 젊은 부부들이 자발적으로 공동체에 참여하기 시작했다. 결혼 후 교회를 떠났던 이들이 다시 돌아오고, 셀을 통해 신앙의 열정을 회복했다. 1년 만에 블루오션 공동체는 200여 명 규모로 성장했다. 이후 장년교구와의 분리는 더욱 뚜렷해졌고, 교회 내에서는 당회를 거쳐 하나의 독립된 교구로 정식 편성되었다.

 2015년, 필자는 더행복한교회를 개척하게 되었다. 당시 개척하기 전, 블루오션 공동체는 성인기준 46명에서 약 580명으로 성장했다. 자녀들까지 포함하면 약 1,000명에 달했으며, 그 안에는 신앙을 놓지 않으려 애쓰던 수많은 3040세대가 자리 잡고 있었다. 더행복한교회는 단순히 새로운 교회가 아니라, 그동안의 사역과 눈물, 그리고 3040세대

를 위한 목회의 대안이 응축된 응답이었다.

　새롭게 개척한 더행복한교회는 단순히 젊은 교회가 아니다. 청년과 장년의 중간에 놓인, 부모와 자녀 사이의 다리 역할을 감당하는 3040세대가 중심이 되는 교회다. 우리는 이 세대가 한국교회의 회복 열쇠가 될 수 있다고 믿는다. 왜냐하면, 이들은 여전히 신앙의 언어를 알고 있고, 삶의 치열한 현장 속에서도 하나님 나라를 붙들고 싶어 하기 때문이다.

　더행복한교회는 형식보다 예배의 본질, 조직보다 삶의 공동체, 활동보다 사람 중심의 목회를 지향한다. 아이들의 발소리가 들려도 괜찮은 예배, 3040부모와 자녀가 함께 자라는 예배, 직장과 육아, 경제적 압박 속에서도 다시 예배 자리를 붙드는 예배를 세워가고 있다. 그리고 이 예배의 중심에는 '셀 공동체'가 있다. 단지 모이는 소그룹이 아니라, 서로의 삶을 책임지고 함께 살아가는 믿음의 울타리로 작동한다.

무엇보다 더행복한교회는 다음세대와 함께 걷는다. 자녀는 부모의 등을 보고 신앙을 배우기 때문이다. 그럴지라도 우리는 자녀교육만 강조하지 않는다. 오히려 부모세대의 신앙 회복과 모델링을 우선으로 둔다. 부모가 살아야 자녀도 산다는 것이 우리가 믿고 지키는 교육 철학이다.

더행복한교회의 시작은 단순한 개척의 기록이 아니다. 그것은 3040세대가 중심이 되어 교회를 새롭게 세워가는 한 세대의 응답이자, 세대 간 단절을 넘어 '신앙의 연결'을 회복하려는 믿음의 여정이다. 이 여정을 통해 필자는 깊은 확신을 갖게 되었다. 하나님의 꿈은 세대 간의 교체나 단절이 아니라, '잇고 이어가는 연결' 속에서 이루어진다는 것. 그리고 그 연결의 중심에는 지금도 일터와 가정, 현실과 믿음 사이에서 고군분투하며 살아가는 3040세대가 서 있다는 사실이다.

3040세대는 더 이상 교회에서 잠시 머물다 떠나는 '과도기 세대'가 아니다. 그들은 부모 세대의 믿음을 이어받고, 다음 세대에게 신앙을 전수하는 핵심 연결고리이며, 세대와 세대를 이어주는 복음의 징검다리다. 그러므로 교회는 '세대교체'가 아닌 '세대 잇기'를 선택해야 한다. 3040세대가 살아야 그들의 자녀 세대도 교회 안에서 자랄 수 있으며, 그들이 교회에 뿌리를 내려야 그 위에 다음 세대의 신앙도 자라날 수 있다. 더행복한교회의 이야기는 그것을 보여주는 한 사례일 뿐이다. 중소형 교회일지라도, 지금 여기에서 3040세대를 품고, 그들을 통해 세대를 잇는 교회는 충분히 가능하다.

앞으로의 목회는 끊어지는 교회를 세우는 것이 아니라 이어지는 교회를 세워야 할 때다. 하나님은 여전히 세대와 세대를 잇는 사람들을 통해, 그분의 나라를 세워가고 계신다. 그리고 지금 그 부르심에 응답할 가장 적합한 세대는 바로 3040세대다.

- 네 가지가 더행복한 삶을 세운다 -

2001년 즈음, 나는 사역자로서 방향을 잃고 있었다. 준비했던 신학대학원 시험에서 낙방한 뒤, '과연 계속 사역을 해야 할까' 하는 기로에 서 있었다. 그때 당시 청년부를 담당하던 송창근 목사님의 배려로 인도네시아 아바러브교회(Abbalove Church)로 비전트립을 다녀오게 되었다. 목사님은 두 가지 이유로 나를 그곳에 보냈다. 하나는 방황하던 내게 바람이라도 쐬고 오라는 배려였고, 또 하나는 청년부에서 준비 중이던 셀 목회와 수양회 모델을 배우기 위한 목적이었다.

아바러브교회는 동남아시아 최대의 셀교회로, 제자훈련과 공동체 중심의 성장 철학을 지닌 교회였다. 이들은 셀 모임을 단순한 소그룹이 아닌 영적 성장과 리더 양육의 현장으로 여겼고, 셀 목회자를 돕는 자가 아닌 사역의 주체로 셀리더를 세워가고 있었다. 자가 아닌 사역의 주체로 세워가고 있었다. 각 셀은 전도, 양육, 훈련, 파송이라는 선교적 사명을 감당하는 작지만 강한 교회 단위였다. 평신도 리더가 살아 있는 구조 속에서 나는 단순한 프로그램 이상의 '살아있는 교회'를 마주할 수 있었다.

그중에서도 내 인생에 깊은 인상을 남긴 순간이 있었다. 바로 인도네시아 자카르타에서 열린 '챔피언 게더링' 수양회였다. 2박 3일 동안 열정적으로 이어진 집회 가운데, 한밤중의 시간은 지금도 내 기억 속에 선명하게 남아 있다.

그날 밤, 강사로 나선 에디 레오(Eddy Leo) 목사님은 '아버지의 마음'을 주제로 메시지를 전했다. 그는 설교 중 자신의 이야기를 나누기 시작했다. 육신의 아버지와의 관계 속에서 받은 상처, 그리고 그 상처가 하나님 아버지의 사랑을 받아들이는 데 얼마나 깊은 장벽이 되었는지를 고백했다. 그 고백이 내 마음의 가장 깊은 곳을 흔들었다. 말할 수 없지만 내면 어딘가에 늘 자리 잡고 있던 상처, 그 누구에게도 쉽게 꺼내지 못했던 감정들이 순간, 내 안에서 울리기 시작했다.

"혹시 아버지에 대한 상처가 있는 분이 있다면, 앞으로 나오십시오."

그 말이 끝나자마자, 나는 이유도 모른 채 자석처럼 끌리듯 앞으로 나아가 있었다. 그저 내 안의 무언가가 그 초청을 놓치지 않으려는 듯 반응한 것이다. 그 순간, 설명할 수 없는 하나님의 위로와 회복이 밀려왔다. 말로 표현할 수 없는 사랑이 내 영혼 깊은 곳까지 스며들었다.

그날 밤은 나에게 단순한 수양회의 한 장면이 아니었다. 그것은 인생의 전환점이었다. 오랜 시간 내 안에 자리했던 '아버지의 상처'가 '하늘 아버지의 사랑'으로 바뀌는 밤, 그리고 사역자로서, 한 사람의 그리스도인으로서 진정한 회복이 시작된 순간이었다. 그날 이후, 나는 더 이상 이전의 내가 아니었다.

하나님은 상처의 자리에서 소명을 부르시고, 깨어진 마음에서 사명을 시작하신다. 그리고 그 시작은, 때로 한 번의 집회, 한 번의 고백, 한 번의 초청에서 일어난다. 그날 밤, 하나님은 나를 부르셨고, 나는 그 부르심에 응답했다. 그것이 지금의 나를 만들었다.

목사님은 내 어깨에 손을 얹고 조용히 말했다.
"I'm sorry. I love you. God bless you."

언제나 들어왔고, 나 또한 사역 현장에서 자주 사용했던 말이었다. 그런데 그날, 그 순간, 그 말이 내 심장을 관통했다. 나는 주저앉아 울기 시작했고, 목사님은 아무 말 없이 나를 안아주셨다. 그 안아줌을 통해 나는 하나님의 사랑을 '이론'이 아닌 '현실'로 만났다.

이 체험은 '더행복한교회'를 세우며 꿈꾸었던 예배의 원형이 되었다. 형식보다 본질에 집중하는 예배, 말씀과 삶이 연결되는 예배, 하나님의 사랑을 체험하며 울고, 하나님의 품에 안길 수 있는 예배, 아이들의 발소리가 들려도 괜찮은 예배, 3040세대는 물론 부모세대와 다음 세대가 함께 자라는 예배. 나는 그런 예배를 갈망했고, 그런 예배를 실현하고자 했다.

그 꿈을 실현하기 위해 시작한 사역 중 하나가 바로 '감사의 고백'이었다. 예배 시간 중, 한 주간의 삶 속에서 경험한 하나님의 은혜를 성도들이 직접 나누는 시간이다. 때로는 칭찬과 격려, 때로는 기도제목으로 나누어지며, 은혜의 흐름이 공동체를 타고 흘러가도록 돕는 예배의 한 부분이 되었다. 처음에는 누가, 무엇을, 어떻게 나눌지 몰라 어색했지만, 몇 주를 지나며 자연스러워졌고, 어떤 날은 설교보다 더 강력한 눈물과 회복의 시간으로 자리 잡았다.

"목사님, 감사의 고백 있어요!" 예배 시간에 내가 잊고 넘어가려 하면 이제는 성도들이 먼저 말해준다. 감사의 고백은 어느새 교회 전체의 언어가 되었고, 신앙의 리듬이 되었다. 10년이 지난 지금도 이 시간은 여전히 이어지고 있다. 주일예배에 대한 만족도 조사에서 '감사의 고백'이 좋다는 응답이 51.9%에 달했다. 그러므로 필자는 오늘도 같은 고백을 드린다. 하나님을 경험할 수 있다면, 뭐든 해보자.

- 일상이 셀 공동체를 세운다 -

더행복한교회는 개척 초기부터 3040세대가 지닌 삶의 무게와 신앙의 갈증을 민감하게 감지하고, 이에 응답하는 목회를 지향해 왔다. 단순히 프로그램 중심의 교회가 아니라, 삶과 신앙이 자연스럽게 연결되는 '공동체 중심 목회'가 필요하다는 확신 아래, '셀 교회 시스템'을 중심축으로 교회를 세워온 것이다.

이러한 방향성은 단순한 전략이 아니라, 목회자의 사역 경험과 확신에서 비롯된 필연적 선택이었다. 필자는 안산동산교회에서 부교역자로 사역하던 시절, 셀 사역을 깊이 배우고 실제 사역 현장에 적용하며 역동적인 공동체의 열매를 몸소 경험했다. 또한 여러 멘토 목회자들과 함께 '셀이 살아나는 세미나'를 섬기며, 한국교회 소그룹 운동의 회복을 위한 동역자로 헌신해왔다. 2025년 현재는 '한국교회 셀세미나' 디렉터로 섬기며 이 사역을 이끌고 있기에, 셀 사역은 필자에게 단순한 도구가 아니라, 하나님께서 맡기신 목회의 본질이며 사역의 핵심 가치라 할 수 있다.

더행복한교회의 셀 공동체는 단순히 예배 후 열리는 프로그램이 아니다. 그것은 삶과 믿음이 만나는 자리이며, 공동체가 교회가 되는 자리다. 그리고 이는 단지 이상적인 지향이 아닌, 실제로 그 열매를 맺고 있음을 전교인 설문 결과가 보여주고 있다.

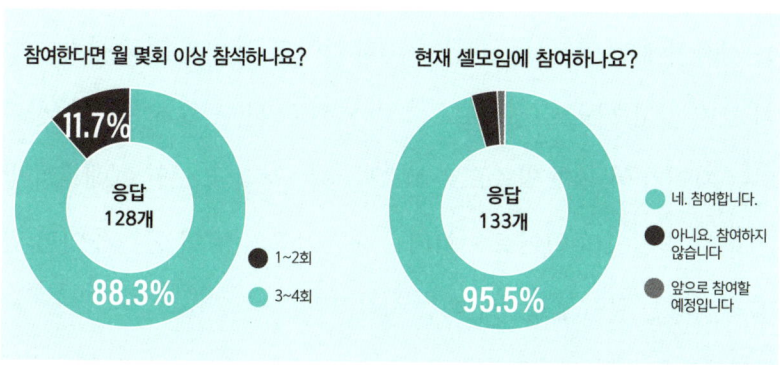

'현재 셀모임에 참여하고 있는가?'라는 질문에 무려 95.5%의 성도들이 "참여하고 있다"라고 답했다. 이는 단순한 등록자 수치를 넘어, 삶을 함께 나누고 싶은 공동체가 존재하고 있다는 증거다. 또한 '월 평균 참석 횟수'에 대한 질문에는 88.3%가 "월 3~4회 이상 참석한다고 응답했고, 나머지 11.7%도 1~2회는 꼭 참여하고 있다고 답했다.

많은 교회들이 "셀모임을 어떻게 활성화할 수 있을까" 고민하는 이때, 더행복한교회의 셀모임은 이미 예배의 자연스러운 연장선으로 자리하고 있다. 그 중심에는 어떤 강제도, 형식적 운영도 없다. 오히려 관계 중심의 자발성, 그리고 삶을 향한 따뜻한 관심이 있다. 이 셀모임은 말씀 중심의 소그룹을 넘어, 각자의 삶이 경청되고 기도로 연결되는

'작은 교회'의 기능을 감당한다. 하나님의 말씀을 중심으로 함께 울고 웃으며, 자녀의 진로 고민부터 직장의 스트레스, 부부 사이의 소소한 갈등, 심지어는 말로 설명하기 힘든 감정의 결까지도 자유롭게 나눈다.

누군가는 이런 말로 셀모임을 표현했다. "셀모임은 내 영혼이 숨 쉬는 시간이에요. 여기서는 나를 꾸미지 않아도 괜찮고, 기도 부탁을 눈치 보지 않고 꺼낼 수 있어요." 그렇다. 셀모임은 단순히 말씀을 공부하는 자리가 아니라, 말씀으로 서로를 품는 자리다. 주일 예배에서 받은 은혜가 일상의 언어로 번역되는 순간이고, 신앙이 혼자가 아닌 함께 걸어가는 길이 됨을 확인하는 시간이다.

셀모임은 더행복한교회를 구성하는 중요한 뼈대이자, 3040세대가 이 공동체에 머무는 이유 중 하나다. 강요 없이, 그러나 끊임없이 서로를 향해 다가가는 이 소그룹의 힘이 오늘도 교회를 따뜻하게, 그리고 건강하게 세우고 있다. 바로 이 자리가, '예배에서 시작된 교회'가 '삶에서 완성되는 교회'가 되는 출발점이다.

또한, 더행복한교회의 셀은 자녀 세대와의 연결에 집중한다. 부모가 셀에서 기도하고 신앙적 도전을 받는 과정은 자녀들에게도 자연스럽게 신앙의 본을 보여주는 계기가 된다. 교회학교와 셀의 연결, 부모와 자녀의 신앙 대화가 끊이지 않도록 셀 안에서 함께 기도하고 격려하는 문화는 가정 신앙교육의 현실적 대안이 되고 있다.

예배 후 어른들의 셀모임 시간, 자녀들은 키즈 카페와 풋살장, 교회 내 여러 공간에서 자유롭게 놀이하며 시간을 보낸다. 아이들의 안전을 위해 매주 한 셀씩 돌아가며 아이들을 돌보고, 셀모임이 끝나면 교회 청소까지 함께 진행하는 시스템을 운영하고 있다. 이는 부모들이 셀모임에 집중할 수 있도록 돕기 위한 배려다.

재미있는 사실은 셀모임 시간이 길수록 아이들이 더 좋아한다는 점이다. 어느 날은 셀모임이 일찍 끝났다고 아쉬워하는 아이들이 부모에게 "왜 벌써 끝났냐"며 투덜대기도 했다. 심지어 주일예배가 연휴와 연결될 때, 셀모임을 쉴까 고민하는 부모를 향해 아이들이 먼저 "오늘은 안 쉬면 안 돼요?"라고 말리기도 한다. 이렇게 더행복한교회의 셀은 단지 어른들의 모임을 넘어, 아이들도 함께 살아 숨 쉬는 또 하나의 교회가 되었다.

- 셀이 친밀한 공동체를 세운다 -

더행복한교회의 셀은 단지 정기적인 모임을 넘어서, 삶을 함께 걸어가는 동반자의 공동체다. 특히 3040세대 부부들에게 셀은 신앙의 여정과 현실의 고단함을 함께 나누는 회복의 공간이 된다. 맞벌이의 피로, 자녀 교육의 부담, 가사 분담의 갈등 속에서 셀 공동체는 서로를 정죄하거나 판단하지 않고, 있는 그대로의 이야기를 들어주며, 따뜻한 위로를 전한다. 그래서 때로는 피를 나눈 가족보다 더 자주 보고, 더 깊이 연결된 관계가 셀 안에서 이루어진다. 정기적인 MT나 야유회는 물론, 어떤 셀은 함께 해외여행을 다녀오기도 한다. 직장과 가정을 동시에 책임지는 3040세대가 시간을 낸다는 건 결코 쉬운 일이 아니다. 연차를 쓰고, 스케줄을 조정하면서도 함께하고자 하는 이 관계는 단순한 소그룹을 넘어 '또 하나의 가족', '삶의 공동체'가 되었음을 보여준다.

이러한 친밀함이 단순한 정서적 유대에 머물지 않고, 삶의 위기 순

▲ 21MG-이영천/신나희 셀 공동체 - 베트남 푸꾸옥 여행

간에서 진가를 발휘했던 사건이 있었다. 작은 아이스크림 가게를 운영하는 한 셀 리더 부부가 있다. 어느 날, 갑작스러운 정전으로 가게 전체의 전기가 나가고, 매장 가득 쌓여있던 아이스크림이 녹기 시작했다. 부부는 어쩔 줄 몰라 눈물을 쏟으며 셀 단체 채팅방에 상황을 알렸다. 그런데 몇 분도 지나지 않아 셀원들이 하나둘씩 가게로 달려오기 시작했다. 누군가는 긴 전기선을 끌고 와 전력을 연결하고, 누군가는 큰 아이스박스에 아이스크림을 담아 냉동고가 있는 다른 장소로 옮기기 위해 뛰기 시작했다. 그날 밤, 새벽까지 이어진 구조 작업 끝에 아이스크림은 지켜낼 수 있었다.

감동은 거기서 끝나지 않았다. 다음 날, 다시 아이스크림을 원위치해야 하는 상황이 닥쳤다. 피곤하고 지친 하루였지만, 그날도 퇴근한 셀 식구들이 또다시 달려왔다. 아무 말 없이 박스를 옮기고, 선반을 정리하며 그 부부의 마음을 함께 일으켜 세웠다. 또 한 번 눈물이 흘렀다. 이번엔 절망이 아닌 감사의 눈물이었다. 이 이야기는 주일예배 감사의 고백 시간에 온 성도들과 함께 나누었다.

삶의 한복판에서 함께 울고, 뛰고, 일어서는 공동체의 모습에 교회는 다시 한 번 진정한 '성도의 교제'가 무엇인지 깨닫게 되었다. 이렇듯 더행복한교회의 셀은 형식으로 운영되는 소그룹이 아니다. 삶과 신앙을 함께 짊어지는 '작은 교회', 그리고 이 땅에서 가장 실제적인 공동체가 되었다.

3040세대에게 필요한 것은 완벽한 조직이 아니라, 기댈 수 있는 사람, 함께 걸어가는 관계, 그리고 다시 일어설 수 있는 사랑의 손길이다. 그 손길이 바로 더행복한교회의 셀 안에서 지금도 이어지고 있다.

더행복한교회의 셀은 단지 내부 결속을 위한 구조에 머물지 않는다. 전도의 출발점 또한 셀이다. 새가족이 처음 교회에 왔을 때, 예배에 익숙해지기도 전에 셀에 배정되어, 이웃과 신앙을 나누는 관계 안으로 초대된다. 셀을 통해 교회의 문화를 익히고, 사람들과 연결되며, '혼자가 아님'을 느끼는 것이 더행복한교회의 전도 시스템의 핵심이다.

- MG가 건강한 공동체를 세운다 -

더행복한교회의 셀 공동체는 단단하고 건강하게 운영되고 있지만, 그 모든 셀을 유기적으로 엮고 성장의 방향으로 이끄는 중간조직이 있으니, 그것이 바로 MG(Mission Group)공동체다.

MG는 단순한 조직이 아니다. 셀과 셀 사이의 다리이자, 공동체 전체를 품는 허리이며, 리더십의 심장부이자 교회 비전의 가교다.

한 MG는 3~6개의 셀로 구성되며, 각 MG를 이끄는 리더는 직접 분셀 경험이 있는 셀리더 가운데 담임목사가 기도하며 직접 임명한 평신도 리더들이다. 현재 더행복한교회에는 총 5개의(O2, 위드, H, 플러스원, 21) MG가 존재하며, 이들 모두가 공동체의 영적 체온을 조절하고, 흐름을 이끄는 중요한 중간 허브 역할을 감당하고 있다. MG 리더들은 매월 셋째 주 금요일 밤 9시, 필자 부부와 함께하는 정기 모임에 참여한다. 이 시간은 단순한 회의가 아니라, 함께 비전을 나누고, 사역을 점검하며, 무너진 마음을 다시 세우고, 사명의 불을 지피는 영적 리트릿과 같다.

이들은 모두 평신도다. 어떤 이는 치열한 직장을 오가며, 어떤 이는 가정과 사업장을 책임지며 하루하루를 살아낸다. 그러나 금요일 밤이 되면, 하나님의 부르심 앞에 '공동체의 리더'로 서기 위해 기꺼이 시간을 내고, 기도와 말씀 앞에서 다시 자신을 점검하며 공동체를 향한 헌신을 다짐한다.

MG 공동체는 월 1회 또는 분기별로 전체 셀모임을 통합해 식사와 나눔, 교제와 말씀을 중심으로 자율적인 모임을 갖는다. 장소 선정, 프로그램 기획, 진행과 식사 준비에 이르기까지 모든 과정은 MG 리더들이 셀리더들과 의논하여 스스로 고민하고 실행한다. 그 자율성과 주인의식은 곧 공동체의 생명력으로 이어지며, 그 모임 안에서 자연스럽게 새가족의 정착과 전도, 수련회, 단기선교 등 풍성한 사역의 열매들이 맺혀진다.

MG는 셀 공동체를 넘어, 또 하나의 작은 교회다. 그 안에서 믿음의 연결이 이루어지고, 사역의 역동성이 살아나며, 공동체 전체가 건강하게 성장해 가는 중심축이 된다. 무엇보다 더행복한교회의 MG 리더들은 단지 행정적 리더가 아니다. 이들은 리더들의 리더이며, 교회의 영적 DNA를 공유한 사람들이다. 담임목사 부부와 함께 교회의 맥을 짚고, 각자의 자리에서 삶으로 말씀을 증명하며, 공동체를 이끄는 영적 리더다. MG 리더들이 있음으로, 더행복한교회의 셀 공동체는 각자

흩어져 있는 듯하지만, 하나의 흐름 안에서 건강하게 연결되어 움직이는 유기체로 살아날 수 있었다.

우리는 알게 된다. 건강한 교회는 단지 건물이나 시스템으로 세워지지 않는다. 자신의 삶을 들여, 공동체를 품고, 사람을 세우는 리더들, 바로 그들의 눈물과 헌신이 교회를 교회답게 만든다는 사실을. 그리고 MG 리더는, 바로 그러한 하나님의 숨결을 이 땅에서 이어가는 사명의 사람들이다. 이들이 더행복한교회의 허리이자, 다음 세대를 품는 믿음의 통로이며, 하나님 나라의 현장을 오늘도 살아내고 있다.

더행복한교회의 셀 공동체는 선택이 아닌 필수이다. 셀은 다음 세대와 가정을 잇고, 이웃과 교회를 연결하는 핵심 축이다. 앞으로도 더행복한교회는 이 셀 공동체를 통해 건강한 교회, 살아 있는 교회, 다음 세대를 품는 교회를 향해 나아갈 것이다.

8장
다시 설계되는 교회

한국교회는 3040세대를 품기 위한 전략적 전환이 필요하다. 이는 단순히 프로그램 몇 개를 추가하거나, 젊은 감성의 공간을 조성하는 문제에 그치지 않는다. 각 교회는 자신의 규모와 여건에 맞는 실질적인 전략을 고민하고, 그에 걸맞은 현실적인 모델을 마련해야 한다.

필자는 약 6년간 초대형 교회인 안산동산교회에서 3040세대를 중심으로 한 사역을 맡아왔다. 그 시기, 하나님의 은혜로 수많은 젊은 부부와 청장년들이 회복되고, 셀과 예배, 공동체가 부흥하는 현장을 몸소 경험할 수 있었다.

교회를 개척한 이후 현재는 200여 명의 3040세대가 중심이 된 더행복한 공동체를 섬기고 있다. 비록 규모는 작아졌지만, 그만큼 더 깊이 있는 만남과 실질적인 적용이 가능한 목회를 경험하고 있다.

대형교회와 중소형교회의 사역 환경을 모두 경험하며, 3040세대 사역의 다양한 패턴과 도전 과제들을 구체적으로 바라볼 수 있었다. 물론 필자의 경험이 모든 교회에 적용 가능한 '정답'은 아닐 것이다. 그러나 현장에서 얻은 실제적 사례와 원리들은, 각 교회가 자신의 상황에 맞는 전략을 구상할 때, 충분히 유용한 실마리와 아이디어를 제공할 수 있으리라 생각한다.

이 장에서는 교회의 규모별 특성과 장단점, 그리고 그에 맞는 3040세대 접근 전략을 함께 나누고자 한다. 이 전략은 거창하거나 이론적인 것이 아니다. 현장 속에서 실천하고 검증된 이야기들, 그리고 실패와 시행착오 속에서 얻어진 통찰이다. 지금 이 글을 읽는 당신의 교회가 비록 크지 않더라도, 바로 거기서부터 3040세대를 위한 변화를 시작할 수 있다. 그리고 그 변화는, 곧 다음세대를 향한 희망의 불씨가 될 것이다.

- 새로운 교회로 재설계해야 한다 -

대형교회는 다양한 자원을 바탕으로 전문적인 사역팀과 맞춤형 프로그램을 운영할 수 있는 장점이 있다. 대형교회라 함은 3040세대의 구성원이 장년 기준 100명 이상인 교회를 말한다. 이러한 장점을 잘 살린다면 지역 내 젊은 3040세대들을 다시 살리며, 교회의 미래를 준비하고, 더 나아가 다음세대 주일학교의 부흥을 이룰 수 있을 것이다. 그러나 이러한 장점이 오히려 익명성과 거리감을 만드는 단점이 될 수도 있다. 이에 필자의 경험을 바탕으로 몇 가지 제안하고자 한다.

1. 건강한 목회자를 세워야 한다.

3040세대를 품기 위해 교회는 교회 규모에 따른 전략적 접근이 필요하다. 대형교회는 다양한 자원을 바탕으로 전문적인 사역팀과 맞춤형 프로그램을 운영할 수 있는 장점이 있다. 그러나 이 장점이 오히려 익명성을 강화하는 단점이 될 수도 있다. 대형교회는 개별 성도의 삶을 섬세히 다루기 어렵기에, 소그룹 시스템을 강화하고, 1:1 멘토링이나 관심사 기반의 소모임을 통해 개인화된 접촉점을 확대해야 한다.

특히 중요한 것은 건강한 목회자를 세우는 일이다. 대형교회일수록 담당 사역자가 교구를 순회하는 구조로 인해 성도들과의 깊은 유대 형성이 어려운 경우가 많다. 이때 3040세대의 삶을 이해하고 공감하며, 공동체를 함께 세워갈 수 있는 목회자를 발굴하고, 소통 가능한 구조를 마련하는 것이 핵심이다. 이 세대를 향한 목회의 승패는 어떤 목회자를 세우느냐에 달려 있다고 해도 과언이 아니다.

실제로 필자가 안산동산교회에서 3040세대를 위한 사역을 시작했을 때, 주변의 여러 선후배 목회자들은 그 사역이 쉽지 않을 것이라고 조언했다. 너무 잘하면 젊은이들을 데리고 개척할지 모른다는 불안감이 생길 것이고, 반대로 못하면 실망만 남을 것이라는 우려였다. 하지만 필자와 아내는 미래에 대한 걱정보다, 현재 주어진 사역에 충실하기로 마음먹고, 담임목사님의 신뢰에 순종했다. 그 결과, 오늘날의 열매가 나타났다고 믿는다.

3040세대를 위한 사역에는 무엇보다도 믿고 맡길 수 있는 담대함과, 사역자를 향한 신뢰가 전제되어야 한다. 필자는 김인중 목사님이 자신의 가능성을 믿고 맡겨주신 그 은혜를 잊지 않으며, 지금도 그 신뢰를 기반으로 목회하고 있다.

2. 소그룹 시스템을 구축해야 한다.

대형교회는 개별 성도의 삶을 세밀하게 돌보는 데 구조적인 한계를 지닌다. 교회가 성장할수록 행정은 체계화되지만, 정작 한 사람의 삶을 깊이 이해하고 동행하는 데는 어려움이 따른다. 이러한 한계를 극복하기 위해 반드시 필요한 것이 바로 소그룹 시스템의 구축이다.

소그룹은 단순한 '조직 분할'로 이루어지는 것이 아니다. 소그룹은 유기적인 존재이며, 각 소그룹은 또 하나의 교회로 기능해야 한다. 각 성도는 번호가 아니라 '사람'으로 기억되어야 하고, 소그룹 안에서 자신의 삶을 나누며 돌봄과 성장의 통로를 경험해야 한다. 이를 위해선 소그룹을 구성하고 운영하는 철학부터 새롭게 정립되어야 한다.

필자는 목회 현장에서 셀공동체 중심의 소그룹을 실천해왔다. 초기에는 나이별 혹은 지역 중심으로 구성했지만, 특히 3040세대를 위한 소그룹은 자녀의 연령과 학령기를 기준으로 조직할 때 훨씬 풍성한 나눔과 공감이 가능하다는 사실을 발견했다. 같은 유아기 자녀를 둔 부모들이 만나면, 육아의 어려움뿐 아니라 신앙교육, 부부관계, 직장과 자녀 사이의 균형 같은 삶의 깊은 지점을 나누는 공동체로 발전할 수 있다.

안산동산교회에서 사역할 당시에는 교회 전체의 행정 시스템을 따라 소그룹을 형성하고, 각 그룹에 셀리더를 세웠다. 또 3개에서 6개의 셀을 묶어 하나의 지역으로 편성하고, 그 지역을 돌보는 지역장을 세워 돌봄의 밀도를 높였다.

현재 내가 섬기고 있는 더행복한교회에서는 어른 기준 3명에서 12명을 셀공동체의 기본 단위로 삼고 있다. 이 셀들을 3개에서 6개 단위로 묶어 'MG(Mission Group)'으로 구성하며, 각 MG에는 MG 리더를 세워 또 하나의 공동체로 기능하게 한다. 중요한 것은, 이 시스템이 단순히 효율적 관리가 목적이 아니라, 각 공동체가 유기적으로 연결된 하나의 살아 있는 교회로 움직이도록 설계되었다는 점이다.

소그룹 구조는 대형교회만의 전유물이 아니다. 오히려 작은 교회일수록 더욱 절실한 시스템이다. 신앙은 주일예배만으로 완성되지 않는다. 주일예배가 말씀의 중심이라면, 소그룹은 삶의 중심이다. 예배와 삶이 분리되지 않고 연결될 때, 성도들은 비로소 교회를 신앙의 공간으로 받아들이고, 그 안에서 공동체성을 경험하게 된다.

이제는 교회를 조직으로 보지 않고, 살아 있는 유기체로서 디자인해야 한다. 소그룹은 그 중심이며, 3040세대를 다시 숨 쉬게 할 교회의 호흡기관이 되어야 한다.

3. 소그룹 리더들을 케어할 수 있는 모임이 있어야 한다.

소그룹을 조직한다 하더라도, 그 중심에는 소그룹을 섬기는 리더가 반드시 필요하다. 소그룹은 3명에서 12명으로 구성된 작은 교회이며, 소그룹 리더는 곧 그 교회의 목회자와 같다. 누구를 리더로 세우는가는 공동체의 건강을 좌우하는 핵심 요소이고, 세워진 리더가 영적으로 지치지 않고 지속적으로 사역할 수 있도록 돌보는 것 또한 필수적이다.

많은 교회에서는 순장훈련, 목자훈련 등의 과정을 통해 리더를 세우고, 수요예배 이후 혹은 별도의 시간에 성경공부와 소그룹 준비모임을 진행한다. 이러한 집체식 훈련은 일정 부분 도움이 되지만, 리더들이 실제로 느끼는 고민, 외로움, 영적 탈진, 방향성의 혼란 등은 단순한 훈련만으로는 해결되지 않는다. 그러므로 리더들 역시 소그룹 모임을 통해 돌봄을 받아야 하며, 그들의 영혼을 치유하고 격려하며 다시 세우는 모임이 반드시 필요하다.

필자가 섬기는 더행복한교회에서의 셀사역의 핵심은 바로 이 리더 모임이다. 각 셀과 MG(미션그룹) 공동체의 리더들은 정기적인 모임을 통해 셀 스피릿을 나누고, 실제적인 코칭과 영적 공급을 받으며 사역의 방향성을 점검한다. 우리는 소그룹이 단순한 만남이 아니라 성령의 임재가 있는 살아 있는 교회가 되어야 한다고 믿는다. 성령의 임재가 없는 모임은 그 자체로 생명을 잃는다. 그리고 그 모임을 이끄는 리더는 결국 탈진하게 된다.

더행복한교회에서는 매월 셋째 주 금요일 밤, MG 리더들과 담임목사 부부가 함께하는 정기모임을 갖는다. 저녁 8시에 시작된 모임은 찬양과 삶의 나눔, 말씀을 중심으로 한 교제를 나누고, 기도와 중보로 이어진다. 각 공동체의 상황을 함께 듣고 나누며, 기도하고 축복하는 시간은 밤 12시를 훌쩍 넘기기도 한다. 그럼에도 불구하고, 리더들은 모임이 끝난 후에도 기꺼이 함께 식사를 나눌 정도로 이 시간을 영적 충전의 자리로 여기며 기뻐한다.

뿐만 아니라 MG 리더들은 자신이 속한 각 그룹의 셀리더들과 함께 월 2회의 정기모임을 통해 삶을 나누고, 코칭과 훈련, 영적 점검의 시간을 갖는다. 이 과정을 통해 리더들은 영적으로 회복되고, 사역의 지

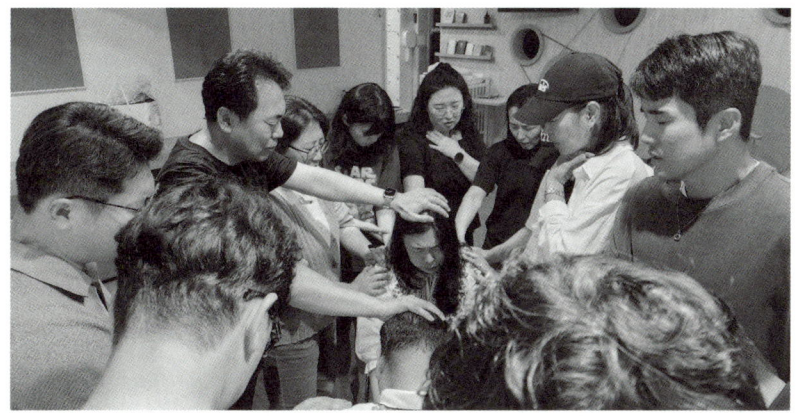
▲ MG리더들이 리더모임시 함께 기도하고 있다

속성을 유지할 수 있다. 소그룹 리더가 건강해야 셀 공동체가 살아난다. 더행복한교회의 셀 공동체는 바로 이런 격려와 응원의 분위기 속에서 건강한 섬김을 이어가고 있다.

소그룹 리더십은 셀사역의 중심축이다. 리더의 존재 자체가 소그룹의 존립을 결정짓는다. 더행복한교회에서는 셀 그룹 안에서 일어나는 대부분의 사안들을 리더와 멤버 간의 소통과 결정에 맡기며, 중요한 사안은 담임목회자와 함께 논의하는 방식을 취하고 있다. MG리더는 모두 평신도 리더들이며, 다음의 기준에 따라 세워진다.

① 최소 1회 이상 분셀 경험
② 부부관계의 건강성
③ 공동체 안에서 신앙적 본이 되는 리더십

이들은 임기를 정하지 않고, 담임목회자에게 있는 안식월 제도와 같이 쉼의 시간을 제공받으며 필요시 사역을 조정할 수 있다. MG 리더와 셀리더, 그리고 부리더를 세우는 것은 단지 조직이 아닌 유기체적 교회로 세워가기 위한 핵심적 전략이다. 특히 부부 셀의 경우는 반드시 부부가 함께 리더로 서야 하며, 남성 셀은 남성 리더가, 여성 셀은 여성 리더가 담당한다. 이는 영적 돌봄과 세심한 배려를 위한 기본 원칙이다.

무엇보다도, 3040세대를 섬기는 소그룹 리더는 일반 장년 성도들을 섬기는 것보다 훨씬 더 높은 에너지와 집중력을 요구한다. 이들은 바쁜 삶의 사이클 속에서 쉽게 지치고 영적으로 고갈되기 쉽다. 이러한 현실을 외면한 채 리더십을 요구하는 것은, 3040세대 목회의 실패를 초래하는 지름길이 될 수 있다. 그러므로 3040 목회는 리더들을 먼저 돌보고, 그들과 함께하며, 지속 가능한 사역의 구조를 세우는데서부터 출발해야 한다.

● 4. 소그룹 리더들은 능력이 아닌 사랑으로 섬겨야 한다.

3040세대의 소그룹 리더들은 '목사님의 손발'이 아니라, '공동체의 얼굴'이다. 그들의 역할은 탁월한 성경교사나 조직운영자의 모습이라기보다, 삶의 친구이자 영혼의 동행자에 가깝다. 소그룹, 즉 셀은 단지 프로그램을 운영하는 모임이 아니다. 삶이 나눠지고, 기도가 쌓이며,

회복이 일어나는 은혜의 자리다. 그리고 그 한가운데 셀리더의 사랑과 섬김이 있다.

더행복한교회의 셀리더들은 매주 정해진 셀모임 가이드에 따라 말씀을 나누고, 셀원들의 이야기를 경청하며 삶을 함께 공감한다. 힘든 일에는 중보기도로 버팀목이 되어주고, 기쁨의 순간에는 함께 웃고 축하하는 '삶의 동반자'가 된다. 셀원들 가정에 경조사가 생기거나, 특별한 기도가 필요한 일이 있을 경우, MG 리더를 통해 필자에게까지 자연스럽게 전달되고, 때로는 함께 심방하기도 한다.

사람을 돌보는 일에는 위계보다 관계가, 체계보다 따뜻함이 먼저다. 무엇보다 중요한 것은, 리더 자신이 먼저 공급받는 구조다. 더행복한교회는 셀리더들이 매월 두 차례의 리더 모임을 통해 함께 찬양하고, 말씀을 나누며, 다시 힘을 얻는 시간을 갖는다. 이 시간은 단지 회의나 훈련이 아니라 리더들의 영혼이 회복되는 자리다.

필자와 MG 리더들이 월 1회 MG 리더 모임을 하고, MG 리더들은 각 그룹의 셀리더들과 리더 모임을 함께하며 리더 한 사람 한 사람의 얼굴을 마주 보고, 지친 마음을 위로하고, 때로는 조용히 안아주는 시간을 만든다. 또한 정기적인 리더 훈련과 말씀 교육을 통해 소그룹 인도의 기본을 배우고, 성경적 세계관을 함께 정립해간다. 하지만 이 모든 것의 중심에는 '기술'이나 '능력'이 아닌, 예수님의 마음과 복음을 향한 진실한 열망이 자리 잡고 있다.

더행복한교회의 셀리더는 누구나 될 수 있다. 성경을 잘 가르치지 않아도 괜찮다. 리더의 자리에 탁월함보다 필요한 것은 복음 앞에 서 있는 사람, 그리고 예수님의 사랑을 품은 사람이다. 실제로 더행복한교회의 많은 셀리더들은 스스로를 '부족한 사람'이라 여긴다. 하지만 매주 셀모임에서, 셀원들의 삶을 경청하고 함께 눈물을 흘리며 기도하는 그 시간 속에서 하나님의 손과 발로 사용되는 기적을 경험한다. 셀리더의 사랑과 섬김의 리더십이 바로 셀원들의 영혼을 품고 셀 공동체를 세우는 가장 큰 힘이 된다. 리더는 특별한 자리가 아니다. 오히려 더 낮은 자리에서 더 깊이 섬기는 사람이다. 그 섬김을 통해, 작은 교회인 셀 공동체는 살아 있는 은혜의 현장이 되고, 그 현장에서 3040세대는 신앙의 뿌리를 내리고, 공동체의 사랑을 경험하며, 다시 교회를 꿈꾸는 길 위에 서게 된다.

- 작은교회일수록 소그룹이 중요하다 -

흔히 소그룹 사역은 대형교회에만 필요한 구조라고 오해하기 쉽다. 하지만 소형교회라 할지라도 건강한 소그룹은 반드시 필요하다. 단지 인원이 적다고 해서 관계 중심의 돌봄이나 신앙의 실천이 자동으로 이루어지지 않기 때문이다.

오히려 소형교회는 소그룹을 통해 더욱 깊은 신앙의 나눔과 돌봄에 적합하다. 소형교회는 대형교회에 비해 목회자가 성도 개인의 삶을 밀접하게 돌볼 수 있는 장점이 있다. 신앙의 결을 맞추며 성도와 동행하는 목회가 가능하며, 가족과 같은 공동체성을 경험할 수 있는 환경적 이점이 있다.

동시에 소형교회는 사역의 다양성을 확보하기 어렵고, 자원과 인력이 제한되어 있다는 구조적 한계도 존재한다. 많은 경우 담임목회자가 거의 모든 사역을 전담하게 되며, 그 결과 영적 에너지의 고갈과 사역의 분산이 발생한다. 필자 역시 대형교회에서 사역하기 이전, 장년 성도 100명 미만의 소형 교회에서 교육전도사로 섬긴 바 있다. 당시 담임목회자는 중고등부와 주일학교를 제외한 새벽예배, 수요예배, 금요철야, 주일 낮·저녁예배, 심방, 장례, 행정 등 모든 사역을 홀로 감당하고 계셨다. 그 모습은 감동적이었지만 동시에 영적 집중력과 체력의 한계가 명백히 드러났다.

소형교회일수록 '선택과 집중'이 필요하다. 특히 3040세대를 대상으로 할 경우, 삶과 연결된 예배, 가정 중심의 소그룹, 직장인을 고려한 시간표 등 현실적인 접근이 중요하다. 실용적이고 관계 중심적인 사역이야말로 소형교회가 택할 수 있는 유일한 전략이기도 하다.

소형교회는 셀그룹 운영의 딜레마가 발생한다. 소그룹 사역을 하려면 반드시 그 소그룹을 인도하고 돌볼 리더가 필요하다. 건강한 소그룹은 건강한 리더십에서 출발하며, 소형교회라 할지라도 리더를 세우지 않고는 결코 공동체의 성장을 기대할 수 없다. 문제는 소형교회는 리더로 세울 만한 사람이 매우 제한적이라는 점이다. 간혹 젊은이가 등록하여 이제 뭔가 할 수 있겠을 정도가 되었다고 생각해 리더로 세우려 하는 경우가 있는데, 그럴수록 더 신중해야 한다. 왜냐하면 리더는 한번 세우면 다시 내리기가 쉽지 않기 때문이다.

소그룹 리더를 세우는 데 있어 가장 기본적인 조건은 단순히 교회 출석 연수나 신앙 경력만으로는 충분하지 않다. 오히려 성실함, 영적 성숙, 가정의 안정성, 공동체 내에서의 신뢰도 등 다각적인 기준이 함께 고려되어야 한다. 리더는 단지 모임을 진행하는 사람이 아니라, 한 영혼의 삶을 품고 동행하는 영적 동반자이기 때문이다.

문제는 현실적인 한계 극복이다. 특히 소형교회의 경우, 전체 구성원 수가 제한적이기에 소그룹 자체를 조직하는 것조차 쉽지 않다. 역할을 감당할 수 있는 사람이 부족하고, 그나마 있는 인원 중에서도 리더로 세우기에 준비되었다고 느껴지는 이들은 많지 않다. 이처럼 구조적인 한계 속에서 소그룹 사역은 리더 양성의 벽에 부딪히고, 그로 인해 공동체의 건강한 흐름이 끊기거나 아예 멈추기도 한다.

그럼에도 불구하고 교회가 소그룹의 중요성을 붙들고 있다면, 지금

이 자리에서 리더로 세울 수 있는 한 사람을 찾아내는 안목과 용기가 필요하다. 모든 기준이 완벽하게 충족될 때까지 기다리기보다는, 부족함 속에서도 부르심에 응답하려는 태도를 가진 이들을 격려하고 세워가는 과정이야말로 교회가 건강하게 성장해 가는 길이다.

상황이 여의치 않다고 해서 소그룹 사역을 포기할 수는 없다. 오히려 소형교회는 '작지만 깊은 소그룹'을 통해 영적인 밀도를 높이고, 자발성과 헌신을 바탕으로 하는 리더 양육에 더 큰 정성을 기울여야 한다. 처음부터 완벽한 리더를 찾기보다 잠재력이 있는 평신도 한 사람 한 사람을 발굴하고, 동행하며 세워나가는 목회적 안목과 시간이 필요하다.

소형교회도 분명히 소그룹이 필요하다. 그러나 리더를 세우는 것이 더 어렵고 더 느릴 뿐이다. 이 점을 현실적으로 인정하면서, 지속 가능한 소그룹 사역을 위한 장기적 리더 양육 시스템을 마련하는 것이 소형교회 목회의 중요한 과제임을 잊어서는 안 된다.

- 소그룹 리더가 교회를 세운다 -

많은 교회들이 소그룹 리더를 세우는 명확한 기준을 가지고 있다. 제자훈련, 양육과정, 리더훈련 등 정해 진 커리큘럼을 마칠 때 리더로 임명한다. 이런 원칙은 공동체 내 질서를 유지하고 리더십의 자격을 객관화하는 데 일정 부분 도움이 된다. 실제로 필자가 섬겼던 안산동산교회도 대학부, 청년부, 장년부 모두가 정해진 훈련 과정을 마친 후에야 리더로 세워지는 체계를 가지고 있었다. 이 체계는 필요하다. 리더가 준비된 만큼, 소그룹도 성장할 수 있기 때문이다.

하지만 목회 현장에서 마주하는 현실은 생각보다 훨씬 더 복잡하고, 역동적이다. 리더로 세워져야 할 사람은 지금 바로 그 자리에 있는데, 과정을 마치지 못했다는 이유만으로 기다려야 한다면 어떻게 될까? 리더로서의 부르심은 있는데, 타이밍을 놓쳐버린 사람의 마음은 점점 식어간다. 때론 훈련보다 시기가 더 중요할 때가 있다. 완벽한 준비보다 소명의 불꽃이 우선일 때도 있다.

필자가 섬기는 더행복한교회는 훈련을 마친 준비된 이가 리더에 대한 소망이 있다면 즉시 세운다. 반대로 훈련을 마치지 않았더라도 리더로의 부르심이 분명하다면, 먼저 세우고 후에 훈련을 시작하도록 한다. 이는 단순한 유연함이나 예외 적용이 아니다. 사람은 시스템을 위해 존재하는 것이 아니라, 시스템은 사람을 세우기 위해 존재해야 한다는 철학 때문이다.

실제 있었던 한 사례가 있다. 한 성도가 새가족으로 셀에 들어왔다. 셀원들의 따뜻한 섬김을 받으며 믿음을 키워가던 중, 셀리더가 갑작스러운 사정으로 이사를 가게 되었다. 리더의 자리는 공석이 되었고,

셀은 흔들리기 시작했다. 당시 다른 셀원들은 훌륭한 사람이었지만, 리더로 바로 서기에 현실적인 여건이 되지 않았다. 이제 막 새가족으로 들어온 그 성도는 성품이 온유했고, 사람들의 이야기를 잘 듣고 공감해주는 영적 민감함과 따뜻한 리더십을 지녔다. 하지만 제자훈련도, 양육훈련도, 성경공부 과정도 아무것도 수료하지 않은 상태였다. 많은 이들은 주저했지만, 필자는 그의 마음에 있는 부르심을 보았다. 필자는 그 새가족을 먼저 리더로 세웠다. 이후 그는 차근차근 훈련과정을 밟았다. 그는 10년이 넘는 시간 동안 신실하게 그 셀을 섬기는 리더가 되었다. 성도들과 함께 울고 웃으며, 더행복한 공동체의 든든한 기둥이 되어주고 있다.

소그룹 리더를 세우는 기준은 무엇이어야 할까? 필자는 단연코, 그 첫 번째 기준은 '성품'이라고 말하고 싶다. 이는 세계적인 셀교회 지도자인 인도네시아 아버러브교회의 에디 레오(Eddy Leo) 목사, 홍콩 목자교회의 벤 홍(Ben Wong) 목사 역시 공통적으로 강조한 부분이다. 은사는 한순간의 은혜로 나타날 수 있고, 리더십은 배움을 통해 개발될 수 있다. 하지만 성품은 시간이 걸리는 훈련이며, 인격의 깊은 뿌리이기 때문에 결코 단시간에 바뀌지 않는다.

소그룹 리더는 바로 그 '성품의 깊이'로 공동체를 이끌어가야 한다. 성품이 좋은 리더는 공동체가 잘될 때도 교만하지 않고, 어려울 때에도 원망하지 않으며, 다른 그룹과 비교하거나 질투하지 않는다. 그들은 교회의 리더십에 신뢰로 반응하고, 셀원들을 예수님의 마음으로 돌볼 줄 안다. 가르치기보다는 들어주고, 판단하기보다는 함께 아파해주는 사람, 그런 이가 바로 건강한 리더다. 더행복한교회는 지금도 이러한 성품 중심의 리더십 철학을 가지고 소그룹 리더를 세우고 있다.

- 소그룹 리더에게 필요한 것은 자격이 아니라 타이밍이다 -

완벽하게 준비된 리더 보다 하나님 앞에서 부르심에 응답하려는 진실한 한 사람을 더 소중히 여긴다는 고백에는 필자의 지난 목회 여정 속에서 얻은 깊은 회한이 담겨 있다. 청년사역을 할 때의 일이었다.

당시 필자가 전도사로 사역하던 때, 맡고 있던 셀그룹의 한 청년의 이야기다. 지각은 기본이었고, 예배에 참석해도 술 냄새가 날 정도로 방황하던 친구였다. 무슨 말을 해도 마음을 열지 않는 듯했고, 공동체 안에서도 늘 주변을 맴도는 존재였다. 그런데 어느 날, 그가 조심스럽게 말을 건넸다.

"전도사님, 저… 셀리더 한번 해보고 싶어요."

순간, 필자는 그 말이 귀를 의심할 정도로 의아했다. 속으로는 이렇게 생각했다. '네가 무슨 셀리더냐. 준비된 것도 없고, 지금도 흔들리고

있는데, 예배나 잘 드리면 좋겠다'

겉으로는 웃으며 넘겼지만, 사실상 그 청년의 요청을 단호히 거절했다. 시간이 흘러, 그는 결국 교회를 떠났다. 그리고 오랜 세월 뒤, 우연히 들은 소식은 놀라웠다. 그 청년이 지금은 어느 교회에서 소그룹 리더로 헌신하며 사역을 잘 감당하고 있다는 소식이었다. 기뻤다. 참으로 감사한 일이었다. 하지만 마음 한구석에는 묵직한 미안함과 아쉬움이 함께 밀려왔다.

'그때 내가, 그를 믿어주었더라면…

그의 진심 어린 부르심 앞에 조금만 더 귀를 기울였더라면…'

이 경험은 필자에게 한 가지 분명한 진리를 남겨주었다. 하나님의 부르심에는 타이밍이 있다는 것이다. 사람이 볼 때 미숙해 보이고, 아직은 부족해 보여도 그 마음 안에 부르심이 있다면, 그것은 결코 가벼이 여겨서는 안 되는 씨앗이란 것이다.

물론 리더십에는 준비가 필요하다. 양육과 훈련도 소홀히 해서는 안 된다. 하지만 사람을 세우는 일은 기계적인 시스템이나 외형적인 조건보다 그 사람 안에 살아 있는 '갈망'과 '순종'을 분별(Discern)해 주는 것이 먼저여야 한다.

때로 우리는 하나님의 때보다 앞서 판단하거나, 눈에 보이는 기준으로 한 사람의 가능성을 가로막기도 한다. 그러나 사람을 통해 일하시는 하나님은, 때로 우리가 판단하는 기준과 전혀 다른 자리에서 역사하고 계심을 잊지 말아야 한다.

그 청년의 부르심 앞에서 지금도 필자는 가끔 마음속으로 이렇게 속삭인다.

"미안하다. 네가 진심이었다는 걸, 이제야 안다. 그때 나는 믿음이 부족했다. 하지만 네 안에 있었던 하나님의 불꽃은, 결국 타오르고 있었구나."

이 고백은 오늘, 또 다른 리더를 세워야 하는 현장에서 필자의 기준을 다시 성령 앞에 내려놓게 만드는 은혜의 회상이 되었다. 그리고 다시 믿게 된다. 하나님은, 준비된 사람을 쓰시기도 하지만, 부르심에 순종하는 사람을 통해 더 큰 일을 이루신다는 것을 말이다.

교회는 영혼을 세우는 공간이다. 리더는 조직의 관리자 이전에, 사람을 품는 목자다. 각 교회마다 리더에 대한 기준과 훈련 과정은 다르겠지만, 한 가지는 분명히 기억해야 한다. 사람은 과정을 위해 존재하는 것이 아니라, 과정은 사람을 세우기 위해 존재해야 한다는 것이다. 그때 교회는 진짜 사람을 세우고, 공동체는 성령 안에서 자라날 수 있다. 그리고 그 시작은 작은 소그룹 안에서, 한 사람의 '예'라는 헌신으로부터 가능해진다.

- 여섯가지로 3040세대를 위한 교회를 설계해야 한다 -

오늘날 3040세대는 단순히 다시 교회로 돌아오기를 바라는 '잃어버린 양'이 아니다. 이들은 오히려 교회의 호흡을 다시 살리고, 신앙의 생명력을 불어넣을 수 있는 핵심 세대다. 동시에 이들은 다음세대로 이어지는 신앙의 다리이며, 부모세대와 자녀세대를 연결하는 교회의 중심축이기도 하다. 그러므로 3040세대를 향한 교회의 접근은 '환영의 메시지'만으로는 결코 충분하지 않다.

이들이 교회에 머물고, 자발적으로 참여하며, 다음세대를 품는 사역의 주체로 서기 위해서는 교회가 먼저 그들의 삶의 자리로 다가가야 한다. 다시 말해, 3040세대가 살아가는 언어와 고민, 가치관과 일상의 리듬을 이해하고 품으려는 깊은 통찰이 전제되어야 한다. 그 위에서만 진정한 관계가 시작되고, 신뢰가 쌓이며, 복음이 그들의 삶 안으로 들어갈 수 있다.

교회는 이제 교회의 구조와 문화를 다시 디자인해야 할 시점에 서 있다. 몇 가지 프로그램을 덧붙이고, 외형을 정비하는 수준으로는 충분치 않다. 3040세대는 삶 속에서 신앙을 경험하길 원하며, 현실의 문제와 긴밀하게 연결된 복음을 듣고 싶어 한다. 그들은 교회가 일방적으로 제공하는 콘텐츠보다, 자신의 고통과 질문이 안전하게 수용되고 응답받을 수 있는 공동체를 원한다. 바로 그 지점에서, 교회는 다시 시작할 수 있다. 그들의 '돌아옴'을 기다리는 것이 아니라, 그들의 '자리'를 마련하는 일에서 말이다.

이를 위해 다음의 질문들은 단순한 체크리스트를 넘어, 3040세대를 위한 교회 설계도의 핵심 기준이 될 수 있다.

● 1) 예배는 삶과 연결되고 있는가?

3040세대는 더 이상 종교적인 수사나 추상적인 경건의 언어에 감동하지 않는다. 그들은 지금 눈앞에 닥친 현실의 무게, 직장과 가정, 자녀교육, 인간관계, 경제적 압박 속에서 어떻게 믿음을 지켜내야 하는지, 삶과 연결된 실제적인 신앙의 길을 알고 싶어 한다. 그러므로 이 세대에게 예배는 단지 주일 아침의 신성한 의식이 아니라, 월요일 아침의 결정 앞에서 살아 움직이는 복음의 힘이어야 한다.

예배는 이제 형식이나 전통이 아니라, 삶의 언어로 재해석 되어야 한다. 직면한 고난, 흔들리는 결혼생활, 상처받은 자존감, 일상에 숨어 있는 외로움 속에서도 하나님이 어떻게 말씀하시는지를 느끼고 싶어 한다. 그러므로 교회의 예배는 본질로 돌아가야 하며, 그 본질은 결국 "하나님이 오늘, 내 삶에 어떤 의미로 오시는가?"에 대한 응답이어야 한다.

예배가 삶과 단절되어 있다면, 그것은 3040세대에게 공허한 퍼포먼

스에 불과할 것이다. 그러나 예배가 그들의 고단한 삶의 한복판에 복음을 심고, 월요일을 견디는 힘이 되어 줄 수 있다면, 그 예배는 분명히 그들의 심장을 다시 뛰게 할 것이다. 바로 거기서, 교회는 다시 숨 쉬기 시작한다.

● 2) 설교는 3040세대의 언어와 고민을 담고 있는가?

3040세대는 단순히 종교적 지식을 얻기 위해 설교를 듣지 않는다. 이들은 자녀교육의 혼란 속에서, 치솟는 집 값과 경제적 압박 속에서, 흔들리는 부부관계와 정체성의 혼란 속에서 하나님이 내게 무엇을 말씀하시는지를 절박하게 찾고 있다. 고난과 낙심, 성취와 실패라는 삶의 진폭 속에서 복음이 오늘을 어떻게 해석하고, 어떻게 견디게 하는지를 알고 싶어 하는 것이다.

오늘의 설교는 단순한 정보 전달이나 지식의 분배가 되어선 안 된다. 설교자는 청중이 앉아 있는 현실의 자리를 먼저 이해해야 하며, 그 자리에 복음을 들고 찾아갈 수 있어야 한다. 설교는 신학적 깊이 못지않게 삶을 향한 공감과 정서적 진정성을 갖추어야 한다. 어려움을 겪는 이들의 언어로 말하고, 혼자라고 느끼는 마음에 먼저 다가갈 수 있어야 한다.

공감 없는 메시지는 기억되지 않으며, 감동 없는 말씀은 결코 실천으로 이어지지 않는다. 그러나 삶과 맞닿은 복음, 고통을 통과한 설교자의 진심이 담긴 메시지는 이들에게 살아 있는 하나님의 음성으로 들릴 수 있다. 설교가 현실과 신앙을 이어주는 다리가 될 때, 3040세대는 다시 말씀 앞에 설 것이고, 그 말씀은 다시 그들을 살릴 것이다.

● 3) 아이들의 신앙교육과 부모의 회복이 함께 고려되고 있는가?

3040세대는 누군가의 부모이자, 자녀의 신앙을 책임지는 보호자. 동시에 이들은 여전히 치유받아야 할 내면의 상처와 신앙적 갈급함을 지닌 존재이기도 하다. 이들에게 있어 가정은 단순한 삶의 공간이 아니라, 신앙의 사역터이자 영적 전쟁터이다. 자녀를 위한 신앙교육은 절실하지만, 정작 그 부모는 여전히 지치고 흔들리는 여정 가운데 있다.

이제 교회는 '아이들만 따로 세워주는' 방식에서 벗어나야 한다. 자녀와 부모가 함께 회복되고 성장할 수 있는 이중 축의 시스템이 필요하다. 가정예배가 일상이 되고, 부모교육과 양육에 대한 실제적인 지원이 제공되며, 부모 자신이 먼저 복음 안에서 회복되는 구조가 마련되어야 한다.

3040세대는 자녀의 믿음을 위해 무언가를 하려 하기보다, 함께 믿고, 함께 성장하고 싶은 갈망을 품고 있다. 교회는 그 갈망에 응답해야 한다. 가정예배 자료, 부모코칭, 신앙대화 워크북, 세대통합 예배와 같은 다양한 리소스는 단지 교육 도구가 아니라, 3040세대의 신앙을 살리고 가정을 다시 숨 쉬게 하는 생명선이다.

자녀의 신앙은 부모의 삶으로 가르쳐지고, 부모의 회복은 자녀의 미래가 된다. 교회는 이 아름다운 연결을 준비하고, 디자인하고, 함께 동행 할 수 있어야 한다.

4) 사역 참여가 '의무'가 아닌 '기쁨'이 되도록 디자인 되어 있는가?

3040세대는 더 이상 '시키는 대로' 움직이는 세대가 아니다. 단순한 지시나 권위로는 그들의 마음을 움직일 수 없다. 이들은 의미를 추구하고, 공감과 연결을 통해 반응하며, '왜 해야 하는가'에 대한 내면의 동기가 분명할 때 움직인다. 사역에 참여한다고 해서 자동적으로 공동체에 정착하거나 만족을 느끼는 시대는 지났다. 이제는 교회가 이들의 마음을 이해하고, 사역의 구조 자체를 재설계해야 한다.

교회의 사역은 더 이상 인원 충원을 위한 기계적 배치가 되어서는 안 된다. '한 번쯤 해봐야 하니까', '사람이 없으니까'라는 논리는 오히려 이들의 부담감을 키우고, 신앙의 기쁨을 빼앗는다. 반대로, 자신의 은사와 삶의 열매를 자연스럽게 드릴 수 있는 자리가 마련된다면, 3040세대는 오히려 누구보다 깊이 있는 헌신을 기쁨으로 선택할 수 있는 세대다.

교회는 사역을 단지 '해야 할 일'로 제시하지 말고, 하나님 앞에 자신을 드릴 수 있는 삶의 무대로 소개해야 한다. 의미 있는 사역은 이들에게 소명의식을 회복시켜주며, 복음이 자신의 삶 안에서 살아 있음을 경험하게 한다. 사역은 부담이 아니라 회복의 자리가 되어야 하고, 의무가 아니라 예배의 또 다른 표현이 되어야 한다.

교회가 이런 구조를 세울 때, 3040세대는 다시 사역의 자리로 돌아올 것이다. 그들은 '시키는 대로' 움직이지 않지만, '마음이 움직이면' 모든 것을 드릴 준비가 되어 있는 세대이기 때문이다. 사역의 기쁨이 회복될 때, 교회도 함께 다시 살아날 것이다.

5) 공동체 안에서 나눔과 회복의 공간이 실제로 작동하고 있는가?

오늘날의 3040세대는, 누구보다도 고립 속에 살아가고 있다. 부모로서, 자녀로서, 직장인으로서, 교회 성도로서 수많은 역할을 감당하며 살아가지만, 정작 자신의 내면을 솔직하게 털어놓을 수 있는 자리는 없다. 겉으로는 강해 보이지만, 마음 깊은 곳엔 버텨내야만 하는 고독과 책임감이 쌓여간다. 그러므로 이들에게 교회는 '신앙의 훈련장'이기 이전에, 가장 먼저 '쉼이 가능한 피난처'가 되어야 한다.

교회가 '공동체'를 외친다고 해서 공동체가 되는 것은 아니다. 간판만 붙인다고 회복이 일어나지 않는다. 공동체는 말로 되는 것이 아니라, 삶을 함께 견디는 경험 안에서 비로소 태어난다. 즉, 회복은 프로그램이 아니라 사람 안에서 일어나며, 나눔은 시스템이 아니라 관계 안에서 가능하다.

이를 위해 교회는 먼저 '작동하는 공동체'를 세워야 한다. 회복을 위한 안전한 소그룹을 정비하고, 리더들을 돌보며, 지속 가능한 관계 맺기의 구조를 촘촘히 설계해야 한다. 이름뿐인 공동체가 아니라, 눈물과 기쁨을 함께 담아낼 수 있는 그릇이 되어야 한다. 말없이 눈빛만 봐도 마음을 알 수 있는 신뢰, 어떤 어려움도 함께 지고 가는 책임감, 실패했어도 다시 돌아올 수 있는 품. 이것이 바로 3040세대가 교회 공동체에서 찾고 있는 진짜 '회복'이다.

3040세대에게 공동체란 단순한 모임이 아니다. 그것은 살아 있음의 증거이고, 외로움에서 벗어나는 유일한 길이며, 하나님께서 그들을 사랑하신다는 것을 가장 선명하게 체감할 수 있는 자리다. 그러므로 교회는 이 공동체를 단순한 구조가 아닌 복음의 그릇으로 새롭게 빚어야 한다. 교회가 먼저 품을 때, 이들은 다시 숨을 쉴 수 있을 것이다.

● 6) 리더십 구조는 세대 간 수평적 소통이 가능한가?

3040세대는 권위를 본질적으로 거부하지 않는다. 그러나 그 권위가 '위에서 내려오는 지시'로만 작동한다면 그들은 마음의 문을 닫는다. 이들은 명령보다 대화를, 지시보다 참여를, 복종보다 신뢰를 바탕으로 한 리더십을 따르려 한다. 그렇기에 교회의 리더십 구조도 '위에서 아래로 흐르는' 수직적 시스템에서 벗어나, 함께 고민하고 함께 결정하는 수평적 구조로 전환되어야 한다.

이 세대는 '내가 참여하고 있다'는 감각이 없으면 결코 마음을 주지 않는다. 리더는 권위의 자리가 아니라, 먼저 무릎 꿇는 자리이고, 가장 아래에서 공동체를 떠받치는 자리여야 한다. 섬김이 리더십의 본질로 자리 잡을 때, 그들은 신뢰로 반응하고 기꺼이 동참한다.

교회는 리더십을 한 사람의 역량이 아닌, 공동체의 품성과 문화로 확장해야 한다. 열린 회의, 자유로운 피드백, 책임의 분산은 단순한 운영방식이 아니라, 이들이 교회 안에서 안전하게 목소리를 낼 수 있는 기반이 된다. 또, 리더가 권위를 앞세우기보다 자신의 연약함과 고민을 나눌 수 있을 때, 오히려 그 진정성이 리더십을 더욱 견고하게 세워준다.

3040세대는 그저 끌려가는 사역자가 아니라, 함께 비전을 세우고 길을 만들어가는 동역자로 대우받을 때 비로소 살아난다. 그러므로 교회의 리더십 구조는 이들과 함께 호흡하고, 함께 걸을 수 있는 신뢰 기반의 수평적 공동체로 재설계되어야 한다. 그곳에서 3040세대는 단지 따르는 자가 아니라, 함께 교회를 세워가는 주체로 서게 될 것이다.

더행복한교회는 이와 같은 기준을 바탕으로, 예배와 양육, 공동체 구조, 사역 시스템 전반을 재정비해 왔다. 그 결과, 젊은 세대의 재방문율이 높아지고, 셀 공동체의 정착률도 꾸준히 상승하며, 다음세대가 부흥하는 열매를 맺고 있다.

3040세대를 위한 목회는 단지 그들을 위한 프로그램을 하나 더 만드는 것이 아니다. 교회의 구조와 문화를 근본적으로 재설계하는 일이며, 그들을 환대할 뿐 아니라, 함께 걷는 동역자로 세우는 작업이다. 한국교회가 진정으로 3040세대의 회복을 원한다면, 이 체크리스트는 단지 참고자료가 아니라, 실행지침이자 비전의 나침반이 되어야 한다.

- 하이브리드 교회가 신앙의 생명줄을 만들어 낸다 -

3040세대는 디지털 환경에서 자라난 첫 세대다. 이들은 온라인에 본능적으로 익숙하며, 단지 주일 오전 한 시간, 교회라는 물리적 공간에 머무는 것으로는 신앙의 만족을 느끼지 못한다. 이 세대에게 교회는 언제든 접속 가능하고, 끊김 없이 연결될 수 있는 플랫폼이어야 한다. 이제 교회는 공간 중심에서 관계 중심으로, 그리고 더 나아가 연결 중심의 교회로 전환되어야 할 때다.

더행복한교회는 이러한 흐름에 발맞추어, 온라인과 오프라인이 유기적으로 통합된 하이브리드 공동체를 실험하고 구축해왔다. 코로나

19 팬데믹을 기점으로, 유튜브 채널의 구독자는 기존 70명 수준에서 650명 이상으로 급증했고, 교회는 정부의 집회 제한 이전부터 온라인 예배를 준비하며 발 빠르게 대응해 왔다. 팬데믹 이후에도 단순한 예배 실황 송출을 넘어, 삶의 문제를 다루는 짧은 영상 콘텐츠, 부모 교육 자료, 묵상 나눔, 간증 등 신앙 콘텐츠의 일상화를 지향하며 온라인 사역의 지평을 넓혀왔다.

특히 주목할 점은, 오프라인 셀모임과 온라인 플랫폼을 긴밀하게 연결하고 있다는 점이다. 주일예배의 경우, 오전 9시 30분에 드려지는 2부 예배는 온라인과 오프라인을 병행하는 하이브리드 형식으로, 오전 11시 30분에 드리는 3부 예배는 현장예배로만 드린다. 이는 단순한 방식의 차이가 아니다. 2부 온라인 예배는 교사들이 예배를 통해 말씀을 받고 자녀들을 섬길 수 있도록 하기 위한 배려였으며, 3부 현장예배는 주일학교 자녀들에게 예배의 집중과 현장 참여를 훈련시키기 위한 의도적 설계였다. 그 결과는 놀라웠다. 현장예배로의 회복은 부모세대의 적극적인 예배 참여로 이어졌고, 신앙 교육의 균형이 회복되기 시작했다.

교회는 셀 나눔 질문, 설교 요약, 기도제목, 실천과제 등을 온라인상에서 공유할 수 있도록 시스템화하였고, 이로 인해 직장과 가정, 이동 중에도 신앙 공동체와 연결되는 접점이 만들어졌다. 바쁜 일상에 쫓기며 살아가는 3040세대에게 이러한 연결은 단순한 '편리함' 그 이상이다. 그것은 신앙의 생명줄이자, 영적 호흡을 위한 통로다.

앞으로의 교회는 더 이상 '건물 안에 머무는 신앙 공간'만으로는 이 세대를 품을 수 없다. 디지털 공간에서도 복음이 숨 쉬고, 공동체가 연결되고, 회복이 일어나는 영적 생태계를 조성해야 한다. 하이브리드 교회, 그것은 3040세대를 위한 교회의 미래가 아니라, 지금 우리가 서야 할 현재의 자리다.

9장
3040세대를
사역의 주체로 세우는 교회

— 관계 중심으로 세워야 한다 —

교회는 결국 '사람'이 중요하다. 그리고 사람은 '관계' 안에서 살아간다. 나는 사역 초기부터 교회의 본질은 '관계'에 있다고 믿어왔다. 그러나 그 믿음이 실제적인 사역 모델로 구체화되기까지는 적지 않은 시간이 필요했다.

2001년 서울 횃불회관에서 열린 셀 세미나에 참석했던 순간을 지금도 잊지 못한다. 그 세미나의 주강사였던 랄프 네이버(Ralph Neighbour)는 한국교회에 셀 사역이라는 새로운 패러다임을 소개한 인물이었고, 나는 그 현장에서 처음으로 셀교회라는 개념에 눈을 떴다. 당시 이평강 목사님이 진행하던 사역을 통해 셀 사역에 대해 보다 심화된 내용을 접할 수 있었지만, 그때까지만 해도 그것은 '이론'일 뿐이었다. 내 삶과 목회의 현실에 그것이 어떻게 뿌리내릴 수 있을지는 아직 알지 못했다.

그러던 중, 하나님께서는 실천의 자리를 열어주셨다. 안산동산 교회가 셀교회로의 전환을 실험적으로 시도하면서, 청년부 안에 셀 시스템을 도입하게 되었고, 나는 중그룹 리더로 부름을 받았다. 두 개의 소그룹과 하나의 중그룹이 연결된 작은 공동체 구조가 시작되었고, 나는 내 집을 리더모임 장소로 내어놓았다. 낯선 교재, 새로운 운영 방식, 익숙하지 않은 관계의 깊이 등 모든 것이 새로웠지만, 그 안에서 나는 셀을 이론이 아닌 삶으로 배우기 시작했다.

2004년, 동산고등학교 예배당에 청년부 본당 공동체가 새롭게 시작되면서, 본격적인 사역이 펼쳐졌다. 담당 목사님과 함께 17명의 청년들과 파송을 받아, 우리는 처음부터 셀 구조를 기반으로 공동체를 세워나갔다. 예배 역시 셀 공동체 중심으로 디자인되었고, 리더모임, 셀 번식, 훈련과 양육의 흐름이 점차 뿌리를 내렸다. 그 결과, 17명으로 시작한 공동체는 단 2년 만에 170명으로 성장했다. 놀라운 것은 그중 80명이 셀 리더로 자원했다는 사실이다. 이것은 단순한 수적 성장의 문제가 아니었다. 공동체 안에서 삶이 나뉘고, 기도가 오가고, 사랑이 실천되는 셀 사역의 진짜 기쁨을 성도들이 경험했다는 증거였다.

이후 연합청년부에서의 사역은 셀 리더 양성과 번식, 리더 케어, 그리고 영적 성장의 실제를 더욱 깊이 경험했다. 그 경험은 단지 한 교회의 성공사례를 넘어 한국교회를 위한 셀 목회의 모델로 확장되었다. 김인중 목사(안산동산교회 원로)의 위임 아래, 이규현 목사(은혜의 동산교회), 김광이 목사(기쁨의 동산교회), 송창근 목사(블루라이트 강남교회), 이평강 목사(큰숲목회연구소) 등과 함께 '한국교회 셀이 살아나는 세미나'를 섬기게 되었고, 20년이 지난 현재 그 사역의 디렉터로서 섬기고 있다.

이러한 시간과 훈련, 은혜와 경험은 결국 오늘의 더행복한교회 셀 공동체의 뿌리가 되었다. 우리는 교회를 시작할 때부터 셀 공동체로 시작했다. 건물을 먼저 세운 것이 아니라, 사람을 먼저 세웠고, 조직을 만들기보다 관계를 먼저 심었다. 지금도 더행복한교회의 중심은 셀이다. 성도들은 그 안에서 예배하고, 말씀을 나누며, 삶의 고민을 털어놓고, 기도의 벗을 얻는다. 공동체 안에서 진정한 회복을 경험하고, 신앙이 일상이 되는 기쁨을 누린다.

셀 공동체의 중심에는 늘 사람과 삶, 말씀과 관계, 그리고 예수 그리스도가 자리하고 있다. 더행복한교회의 셀은 단지 '구조'가 아니다. 복음이 구체적으로 살아 움직이는 삶의 공간이며, 그리스도의 몸 된 교회가 어떻게 관계 안에서 건강해질 수 있는지를 보여주는 살아있는 증거다.

우리가 진정으로 3040세대를 품고 싶다면, 이들과 함께 웃고, 함께 울 수 있는 '작은 교회'가 곳곳에 세워져야 한다. 그것이 바로 셀이며, 사람을 품는 교회의 시작이다.

- 현실을 반영한 신앙콘텐츠를 계발해야 한다 -

● 하나님나라 제자훈련의 시작

더행복한교회를 개척하면서 나는 자연스럽게 '훈련'에 대해 고민하기 시작했다. 한국교회 안에는 이미 수많은 제자훈련 프로그램이 존재했고, 나 역시 이전 사역지에서 여러 자료와 세미나 들을 경험해 본 바 있었다. 각 훈련은 고유한 철학과 열매를 지니고 있었고, 분명 유익했다. 그러나 우리 교회의 구성, 특히 3040세대를 중심으로 한 공동체에는 어딘가 맞지 않는 옷처럼 느껴졌다. 교재는 있었지만, 맥락이 빠져 있었고, 구조는 있었지만 시대의 언어가 없었다.

그러던 2017년 가을, 교회적으로 어려움을 겪고 있을 무렵 세상의빛교회 이종필 목사님으로부터 한 통의 전화가 걸려왔다. 금요기도회 설교를 부탁하셨고, 나는 기쁨으로 응답했다. 설교 전 식사 자리에서 조심스럽게 우리 교회의 상황을 나누었고, 목사님은 자신의 경험을 들려주며 한 권의 책을 건네주셨다. 그 책이 바로 「하나님의 나라 제자훈련」이다.

  그 책은 단순한 교재가 아니었다. 제자훈련을 통해 교회를 건강하게 세워온 한 목회자의 고백이자 실제적인 전략이 담긴 훈련의 나침반이었다. 나는 단숨에 책을 정독했고, 세미나에도 참석했다. 그리고 그 자리에서 결심했다.

> ● **"훈련은 준비가 다 된 다음에 시작하는 것이 아니라, 시작하면서 준비되는 것이다."**

  이는 과거 사역지를 통해 얻게 된 가장 소중한 교훈이기도 했다. 세미나를 마치고 돌아온 그 주일, 나는 곧바로 교회 광고를 통해 첫 기수 지원자를 모집했다. 하지만 두려웠다. 요즘같은 시대에 6개월짜리 제자훈련이 과연 가능할 것인가? 신청자가 한 사람도 없으면 어떻게 하지? 그래도 용기를 내서 광고했다. 그리고 보험을 하나 들었다. 바로 사역자들도 들을 수 있도록 사역자 그룹 한 반을 만들었다. 아무도 없으면 사역자들과 먼저 하겠다는 계획이었다. 그런데 놀라운 사실, 첫날에 신청자 12명이 채워지자 문을 닫았다. 그렇게 '하나님나라 제자훈련' 1기가 시작되었다.

  이 훈련은 기존의 단답식 공부나 집체식 강의와는 달랐다. 12명 이하의 소그룹 형태로 구성되어, 복음의 본질을 함께 나누고, 기독교 세계관을 토론하며, 말씀을 매개로 삶과 신앙을 잇는 여정을 함께 걸어가는 과정이었다. 형식보다 내용이, 지식보다 관계와 적용이 중심이 되는 훈련이었다. 첫 주제는 '복음이란 무엇인가'였고, 이후 '기독교 세계관', '하나님 나라 관점의 성경 읽기'로 이어지며 복음의 씨앗이 삶 속에 뿌리내릴 수 있도록 돕는 시간이 되었다.

훈련은 곧 입소문이 났고, 1기가 마치기도 전에 2기를 시작하게 되었으며, 이후로도 꾸준히 이어져 현재까지 8기, 수료 인원 100명을 넘어서는 공동체적 열매를 맺고 있다. 낮 반과 밤 반으로 나뉘어 더 많은 이들이 참여할 수 있도록 구성했고, 이후에는 '성경관통', '성경파노라마' 등의 과정으로 자연스럽게 확장되며, 하나님의 큰 그림 안에서 말씀과 인생을 연결해 주는 흐름을 만들어 갔다.

무엇보다 이 훈련이 3040세대에게는 특별한 의미를 지닌다. 이들은 대체로 부모세대로부터 신앙은 물려받았지만, 청년 이후 말씀을 체계적으로 배우고 깊이 나눌 기회를 잃어버린 세대다. 이들은 누구보다 말씀에 대한 갈증이 크고, 단지 '정보'를 얻는 공부가 아니라, 삶을 통과하는 '말씀의 여정'을 갈망하고 있다. '하나님나라 제자훈련'은 바로 그 영적인 갈증을 채우는 여정이 되었다.

훈련에 수료증이 중요한 것이 아니다. 이 훈련으로 성경적 사고와 삶의 태도, 셀 공동체와 예배, 가정과 직장, 일상 전체에까지 영향을 주는 신앙의 뿌리로 작용하고 있는 것이다. 이것이야말로 3040세대가 다시 살아나기 위해 반드시 필요한 현실적인 신앙 콘텐츠이며, 교회가 이 세대와 연결되기 위한 본질적인 통로라 확신한다.

훈련은 책에서 시작된 것이 아니라 삶에서 시작되었고, 공동체 안에서 자라났으며, 복음의 생명력 안에서 열매를 맺어가고 있다. 3040세대를 위한 신앙 콘텐츠는 이렇게 만들어져야 한다. '이들에게 맞는 것을 찾기'보다, '함께 걸으며 그 속에서 길을 내는 것'이 진짜 콘텐츠 개발의 시작이다.

● 헤리티지 기도회 – 믿음의 유산을 쌓는 시간!

더행복한교회는 현재 '새벽기도회'를 따로 운영하지 않는다. 그러나 처음부터 그랬던 것은 아니다. 교회를 개척하면서 나는 매일 새벽 5시 30분, 어김없이 강단에 섰다. 예배당에는 늘 5명 이하의 성도들이 조용히 자리를 지키고 있었고, 그들을 위해 나는 매일 설교를 준비했다. 비록 소수였지만, 하나님의 말씀은 단 한 영혼 앞에서도 선포되어야 한다는 사명감으로 새벽을 깨웠다.

현실은 녹록지 않았다. 더행복한교회의 성도들은 대부분 3040세대였다. 늦은 밤까지 이어지는 직장 업무와 가사, 자녀 돌봄으로 피곤한 일상을 살아내는 이들이었다. 이른 새벽에 교회로 향하는 것은 말 그대로 '부담'이었고, '희생'이었다. 그것을 알고 있었지만, 나는 묵묵히 새벽 강단에 섰고, 그렇게 2년 가까운 시간이 흘렀다. 그러던 어느 날, 내 몸이 보내는 신호를 더는 무시할 수 없게 되었다. 위경련이 반복되었고, 결국 병원을 찾았다. 위내시경 결과를 확인한 의사는 내게 조심스럽지만 단호한 목소리로 말했다.

"도대체 무슨 일을 하시는 분이십니까?"

"목사입니다."

의사는 깊은 한숨과 함께 충격적인 진단을 전했다.

"이 상태로 몇 달만 더 버티시면… 아마 내년에는 뵙지 못할 수도 있습니다."

순간, 그 말은 내게 벼락처럼 들렸다. 내 위벽은 헐고 있었고, 각종 건강 지표는 모두 위험 수치를 가리키고 있었다. 건강은 바닥이었고, 몸은 더 이상 버텨내지 못하고 있었다. 그제야 나는 깨달았다. 하나님의 일을 하며 하나님께 받은 몸을 돌보지 못하는 것, 이것이 결코 믿음이 아니었다.

이후 나는 리더들과 상황을 공유했고, 결국 새벽기도회를 멈추기로 결정했다. 대신, 성도 각자가 삶의 자리에서 하나님의 말씀을 묵상하고 하루를 시작할 수 있도록 큐티(QT) 문화를 교회 전반에 정착시키는 방향으로 전환했다.

수요예배는 제자훈련과 성경공부로 대체되었고, 금요기도회는 매월 첫째 주, 월 1회 정기화된 구조로 조정되었다. 이것은 단순한 시간표 정리가 아니었다. 이는 예배와 셀 공동체에 집중하고, 성도들이 가정과 일터에 충실할 수 있도록 돕기 위한 목회적 선택이었다. 하루에 24시간이라는 한정된 시간 속에서, 삶과 예배가 조화를 이루게 하기 위한 교회의 결단이었다.

그렇게 조용한 흐름 속에서도 내 마음 한구석에는 여전히 지워지지 않는 갈망이 있었다. 공동체적 기도에 대한 갈망이었다. 물론 성도들은 각자의 자리에서 기도하고 있을 것이다. 출근길 차 안에서, 점심시간 도시락을 나눈 뒤의 잠깐, 늦은 밤 아이들을 재운 후의 짧은 시간 속에서 말이다. 그러나 나는 바랐다. 함께 모여, 한마음으로 하나님 앞에 엎드리는 시간, 공동체가 함께 하나님께 울부짖는 기도운동, 그것이 회복되기를 간절히 바랐다.

2021년, 제직수련회를 마친 뒤, 그 갈망은 더 이상 미룰 수 없는 확신이 되었다. 당시 강사로 오셨던 유근재 총장(주안대학원대학교)님께서 "더 행복한교회는 다 있는데 기도가 없다"라고 말씀하셨다. 총장님의 음성은 하나님의 음성과 같았다. 바로 그 순간 '이제는 시작해야 한다'는 내면의 외침이 사역의 언어로 바뀌었다. 그렇게 우리는 '헤리티지(Heritage) 기도회'를 시작했다.

이 기도회는 단순한 프로그램이 아니다. 우리 공동체가 세대에서 세대로 이어갈 '믿음의 유산(Heritage)'을 세우는 시간이다. 이 기도회는 누군가의 강요가 아니라, 성령의 부르심에 응답하며 함께 무릎을 꿇는 믿음의 고백이다. 그리고 그것은 지금도, 매월 첫 금요일 저녁, 더행복한교회에서 조용히 그러나 뜨겁게 이어지고 있다. 기도는 다시 교회를 살리고 있다. 새벽이 아니라도, 무릎 꿇는 이들이 있는 한, 교회는 살아 있다. 이것이 우리의 고백이며, 더행복한교회의 믿음이다.

'헤리티지'라는 이름을 붙인 데는 분명한 이유가 있다. 'Heritage'는 유산이라는 뜻이다. 우리가 이 기도회를 통해 자녀들에게 남기고 싶은 가장 귀한 유산은, 다름 아닌 '믿음의 유산'이었다. 최근 서울 나눔교회의 조영민 목사님도 「헤리티지」라는 제목의 책을 펴냈는데, 아마도 같은 이유에서였을 것이다. 이 기도회는 기도하는 부모 세대를 통해, 믿음이 다음세대에 전수되기를 바라는 간절한 마음에서 시작되었다.

헤리티지 기도회는 매주 목요일 오전, 자녀들을 유치원이나 어린이집에 보낸 뒤에 시작된다. 학기제로 운영되며, 봄 학기(3월~6월), 가을학기(9월~12월 중순)로 구성하고, 겨울과 여름 방학(1월~2월, 7월~8월)은 쉰다. 예배 형식이지만, 자유롭고 실용적인 흐름을 갖춘 기도회로, 찬양과 말씀, 공동체와 다음세대, 가정과 개인을 위한 중보기도로 구성된다. MG 리더들과 중보기도팀이 인도를 맡으며 전체 시간은 약 1시간 내외다. 무엇보다도 이 기도회가 3040세대 성도들에게 특별한 은혜의 통로가 되고 있다는 점이 감동적이다. 지난 설문에서도 많은 성도들이 헤리티지 기도회에 대한 만족도를 표시했고, 실제 입술의 고백으로도 그러하다.

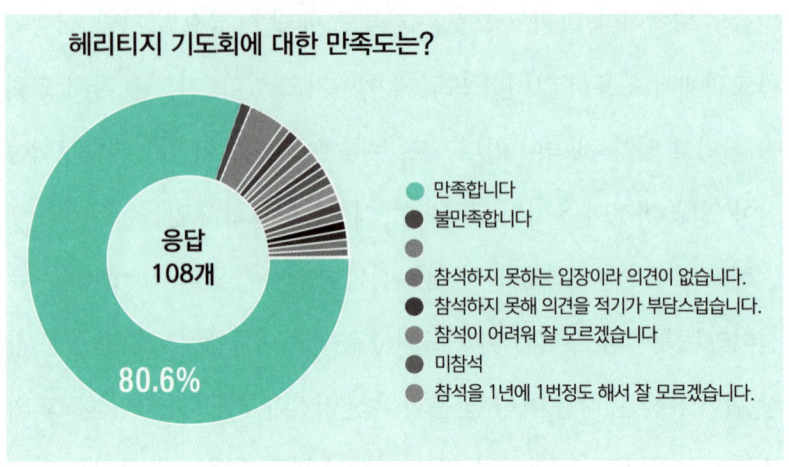

"아이들 없이 마음껏 기도할 수 있다는 것이 꿈만 같다"
"이 시간이 없었으면 버티기 힘들었을 것 같다"

이러한 고백들은 단순한 피드백이 아니다.

그것은 삶과 신앙의 현장에서 끌어올려진 진심의 외침이다.

실제로 3040세대는 기도하고 싶어도 기도할 여건이 되지 않는 세대다. 자녀 돌봄, 직장, 가사, 대인관계, 시댁과 친정 간의 책임과 긴장 속에서 지쳐가는 이들에게 기도는 의무가 아닌 '숨 쉴 공간'이 되어야 한다. 누군가는 기도를 사치라고 말할 수 있지만, 이들에게 기도는 생존이다.

윌로우크릭교회의 빌 하이벨스 목사는 「너무 바빠서 기도합니다」

에서 그렇게 고백했다. "3040세대야말로, 너무 바쁘기 때문에 더욱 기도가 절실한 세대다. 그렇기에, 누군가 이들을 위해 기도의 공간을 열어주고, 예배의 자리를 마련해주는 것은 선택이 아닌 필수다."

헤리티지 기도회는 단순한 프로그램이 아니다. 그것은 하나님을 경험하는 현장이며, 삶의 중심을 다시 회복하는 은혜의 시간이다. 3040세대는 말씀이 담긴 콘텐츠도 필요하지만, 동시에 기도할 수 있는 '자리'도 필요하다. 이 자리에서 흘러나온 눈물과 기도가 다음세대에게 믿음의 유산(Heritage)으로 전해질 것이다. 그리고 이처럼 영적 갈증을 해소할 수 있는 공간을 마련하는 것, 그것이 오늘날 교회가 감당해야 할 또 하나의 본질적 사명이다.

- 함께하는 사역 구조로 만들어야 한다 -

한국교회의 구조는 오랫동안 '장년 중심', '기성세대 중심'으로 유지되어 왔다. 예배의 언어, 사역의 운영, 리더십의 구성에 이르기까지 교회 문화의 중심에는 늘 '어른'이 있었고, 상대적으로 3040세대는 참여자나 보조자에 머무는 경우가 많았다.

이러한 구조 속에서 3040세대는 교회 안에서의 자리를 찾기 어렵다. 봉사를 하려 해도 이미 자리는 정해져 있고, 목소리를 내려 해도 '어리다'는 이유로 배제되기 일쑤다. 이들은 교회의 가장 활발한 연령층이면서도, 동시에 변두리에 위치한 세대가 되어 버렸다.

교회가 3040세대를 잃고 있다면, 이는 단지 숫자의 손실이 아니라 미래의 손실이다. 이 세대는 다음세대를 키우는 부모세대이며, 사회적 영향력과 역동성을 지닌 중요한 축이다. 이들이 교회 안으로 깊숙이 들어와 활동하기 위해서는, 먼저 그들을 위한 자리가 준비되어 있어야 하고, 그들에게 자리를 내줘야 한다.

더행복한교회는 창립 초기부터 3040세대를 예배와 교육, 사역의 중심에 세우는 구조 전환을 끊임없이 시도해 왔다. 그 이유는 단순하다. 우리는 이 세대를 '붙잡아 두기 위한 대상'으로 보지 않았기 때문이다. 그들은 구경꾼이 아니라, 함께 교회를 세워가는 주역이자 동역자였다.

그래서 우리는 먼저 묻기 시작했다. "3040세대는 지금 어디에 서 있는가?", "이들은 예배의 자리에서, 교육의 현장에서, 사역의 조직 안에서 어떤 역할로 호명되고 있는가?" 그리고 그 물음에 정직하게 답했을 때, 우리는 깨달을 수 있었다. 이들이 교회를 떠난 것이 아니라, 교회가 이들을 부르지 않았다는 사실을 말이다.

더행복한교회는 이 질문 앞에 변화를 시작했다.

예배에서는 3040세대가 찬양팀, 영상팀, 환영팀, 안내팀 등 예배의 전면에서 섬기고 있다. 무대 뒤 조명에서부터 무대 위의 찬양과 기도에 이르기까지, 그들은 지금도 예배를 만들어가는 '예배자'로 서 있다.

교육에서는 그들이 부모로서 자녀 세대와 함께 성장할 수 있는 환경을 만들고 있다. 주일학교 교사 대부분이 바로 3040세대다. 사실 3040세대가 주일학교 교사로 섬긴다는 것은 단순한 헌신이 아니다. 치열한 삶 속에서 느끼고 경험하는 삶의 예배이다. 더행복한교회는 그렇게 단지 아이들을 맡기는 것이 아니라, 아이들과 함께 예배하며, 신앙의 울림을 나누고, 삶의 고민을 신앙으로 풀어내는 진짜 '가정 예배자'로 세우고 있다. 부모교육, 가정예배 자료, 양육 리소스는 그들의 삶과 맞닿은 지점에서 설계되었고, 실제로 자녀와 부모가 함께 성장하는 복음의 축을 이루고 있다.

사역의 구조 안에서도 3040세대는 셀 공동체의 핵심 리더로 활약하고 있다. 셀리더, 부리더, MG리더로서 공동체를 세우고, 인도하고, 돌보는 영적 리더로 서고 있다. 뿐만 아니라, 교회 행정, 재정, 디자인, 행사 운영 등 눈에 보이지 않는 수많은 영역에서도 3040세대의 재능과 경험이 드러나고 있다. 그들은 단순히 시간을 '헌신'하는 것이 아니라, '삶의 열매'를 드리고 있다. 그리고 그 헌신은 교회를 숨 쉬게 하고 있다.

이러한 구조는 단순한 '세대교체'를 의미하지 않는다. 우리는 세대를 바꾸는 것이 아니라, 세대를 잇고 있다. 더행복한교회가 꿈꾸는 것은 한 세대가 사라지고 다른 세대가 자리를 채우는 교회가 아니다. 그보다는, 서로의 신앙을 함께 짊어지고, 함께 울고 웃으며, 교회를 함께 세워가는 '세대동행의 공동체'다.

많은 교회들이 "젊은 세대가 없다"라고 탄식한다. 그러나 정말 그들이 없었던 것일까? 아니면 그들을 위한 자리가, 그들을 부르는 목소리가 없었던 것은 아닐까? 그들을 위한 예배가, 그들의 고민을 품는 설교가, 그들이 설 수 있는 사역의 자리가 없었던 것은 아닐까? 3040세대는 자리를 만들어주면 머문다. 아니, 자리를 만들어주는 순간 '머무는 것'으로 그치지 않는다. 그들은 교회를 '함께 짓는 사람'으로 설 수 있다.

우리는 지금 그 가능성을 보고 있다. 그들이 교회의 중심으로 들어올 때, 교회는 비로소 숨을 쉬기 시작했다. 이제는 그들이 예배하고, 가르치고, 섬기는 이 공동체를 통해 다음세대도 길을 찾을 수 있을 것이다. 이것이 바로, 더행복한교회가 믿는 3040세대 교회 리빌딩의 희망이다.

● 3040세대를 위한 구조 전환은 다음과 같은 방향으로 이뤄져야 한다

1) 예배의 언어를 바꾸고, 예배의 주체로 세워라!

예배 인도, 대표기도, 찬양, 자막, 음향 등 예배 전반에 3040세대가 주도적으로 참여할 수 있도록 한다. 삶의 언어, 직장과 가정의 언어가 설교와 기도 속에 반영되어야 하며, 3040세대가 공감할 수 있는 메시지와 표현이 예배 안에 살아 있어야 한다.

2) 교육에서 가르침의 대상이 아닌 '함께 세우는 동역자'로 초대하라!

3040세대에게 교회학교는 자녀를 맡기는 곳이 아니라, 자녀와 함께 섬기는 공간이 되어야 한다. 부모가 교사로 참여하며, 자녀와 함께 성장을 경험할 수 있는 교육 공동체로 전환되어야 한다.

3) 사역 구조에서 3040세대가 '기획자'와 '결정자'가 되게 하라!

3040세대가 사역의 의견을 낼 수 있는 구조, 팀 리더로 설 수 있는 기회가 주어져야 한다. 단지 실행자나 봉사자가 아닌, 교회의 방향을 함께 논의하고 이끌 수 있는 주체로 세우는 것이 핵심이다.

교회의 중심은 '사람'이다. 그중에서도 오늘과 내일을 잇는 3040세대가 중심에 있어야 한다. 이들이 교회 안에서 소외되어 있다면, 결국 그 교회는 미래 세대와도 단절될 수밖에 없다. 3040세대에게 자리를 주면, 그들은 교회를 일으킨다. 그리고 교회는 다시 살아난다.

4부
다시 시작하는
3040

30
40

지금, 교회는 다시 숨 쉬어야 한다

**심폐
소생**

10장
연결고리를 만드는 교회

- 부부간 소통의 고리를 만들어야 한다 -

3040세대 목회의 중심에는 반드시 '부부'가 있다. 현대 사회는 갈수록 개인화되고 있다. '혼자' 사는 삶이 하나의 선택지로 자연스러워졌고, 서로 간섭하지 않는 관계가 이상적인 것처럼 여겨진다. 하지만 성경은 처음부터 가정을 창조의 단위로 삼으셨다. 하나님께서 아담에게 하와를 주신 것은 단순한 동반자를 주신 것이 아니라, 하나의 삶을 함께 걸어갈 연합된 존재를 허락하신 것이었다. 그렇기에 3040세대 목회는 곧 부부를 연결하는 사역이 되어야 한다.

이 시대의 가정은 겉으로 보기에는 멀쩡해 보이지만, 속을 들여다보면 깨어질 듯 위태롭다. 가정 안에서 벌어지는 갈등, 무너진 소통, 상처받은 감정은 겉으로는 드러나지 않지만, 신앙과 공동체 안에 심각한 파장을 일으킨다. 부부의 관계가 건강하지 않으면, 예배도 흐려지고, 셀 모임도 힘을 잃고, 자녀 양육도 어려워지기 마련이다.

그래서 우리 교회의 5대 핵심 가치 중 하나는 '가정을 세우라'이다. 더행복한교회가 처음 세워질 때부터, 아니 어쩌면 그 이전, 안산동산교회에서 신혼부부 공동체를 섬기던 때부터 우리 부부의 마음에는 이 사역의 불이 붙어 있었다. 아내와 함께 청년들의 결혼을 준비하며 '행복한 가정이란 무엇인가'를 고민했고, 우리가 살아낸 삶을 그대로 나누었다. 교회의 허락 아래 '마더와이즈' 성경공부를 신설했고, 남편들을 위한 '파더와이즈'도 함께 시작했다. 삶의 자리에서 말씀으로 배우고, 그 말씀을 부부 사이에서 실천하게 돕는 이 사역은 단순한 프로그램이 아니라 '관계 회복'이라는 가장 본질적인 목회의 핵심이었다. 지금도 우리는 정기적으로 이 과정을 진행하며, 형제는 형제끼리, 자매는 자매끼리 모임을 갖고, 수료식을 한다. 때로는 부부 수련회를 통해 1박 2일 동안 서로를 깊이 들여다보고, 용서하고, 다시 연결되는 시간을 갖기도 한다.

물론 늘 아름답기만 한 것은 아니다. 지난 10년 동안 우리는 수많은 부부의 아픔을 마주했다. 다툼, 상처, 오해, 외면, 이혼의 문턱까지 간 가정들…. 글을 쓰고 있던 바로 지난주에도, 한 부부가 "이혼하겠다"라고 찾아왔다. 밤늦도록 이야기하고, 눈물로 마음을 나누고, 기도로 손을 붙잡았다. 그리고 감사하게도, 그 부부는 교회를 나설 때 두 손을 꼭 잡고 함께 걸어 나갔다.

때로는 너무 늦어 손쓸 수 없는 경우도 있었지만, 그래도 찾아와 준다는 건 아직 살고 싶다는 뜻이고, 도와달라는 간절한 요청이다. 그렇기에 나는 오늘도 부부들을 만나고, 상담하고, 기도하고, 다시 일으키는 일에 전심을 다한다.

부부가 연결되면, 가정이 살아난다. 가정이 살아나면, 교회가 살아난다. 이 단순한 진리를 믿기에, 나는 지금도 부부 목회를 최우선으로 삼는다. 3040목회는, 부부의 심장이 다시 뛰는 순간부터 시작되기 때문이다.

- 부모세대와 자녀세대의 고리를 만들어야 한다 -

3040세대는 더 이상 신앙의 '수혜자'가 아니다. 이제 그들은 믿음을 자녀에게 전하고, 가정을 신앙의 울타리로 세워야 할 '전달자'이며, 동시에 다음세대를 잇는 연결자다. 그렇기에 교회는 이 세대를 단지 세워야 할 대상으로만 바라보아서는 안 된다. 가정과 다음세대를 잇는 핵심 축으로 인식해야 한다. 그리고 그 연결의 시작은, 다름 아닌 가정에서의 예배 회복이다.

가정예배는 부모와 자녀가 함께 하나님의 임재를 경험하는 가장 작고 가장 친밀한 예배당이다. 일주일에 한 번 드리는 건물 속 예배당에서만 신앙을 배워서는 안 된다. 집에서 말씀을 펴고, 함께 기도하며 하루를 마무리하는 장면 속에서 신앙은 몸에 배고, 믿음은 자란다.

미국에서 잠시 사역하던 시절, 이민자 부모들을 가까이에서 만날 기회가 있었다. 그들의 눈빛과 대화 속에는 자녀를 믿음의 사람으로 키워내고 싶다는 간절함이 담겨 있었다. 신기한 것은 그 열망이 한국이나 미국, 혹은 다른 어떤 나라든 모든 부모에게 공통적이라는 사실이었다. 부모라면 누구나 가정예배를 꿈꾸고, 자녀에게 말씀을 전하고 싶어 한다.

그러나 현실은 다르다. 가정예배는 자칫 아이가 혼나는 시간으로 전락하기 쉽다. 부모는 예배를 인도하면서 자녀를 훈계하게 되고, 아이들은 예배를 부담스럽게 느끼며, 부모도 지쳐간다. 그렇게 남는 것은 상처뿐인 예배가 되어버린다.

문제는 방법이었다. 많은 가정이 어른 중심의 형식과 고정관념에 얽매여 예배를 어렵게 만든다. 그러나 시선을 바꾸면, 가정예배는 훨씬 유연하고 즐거운 자리로 변화될 수 있다. 식탁에서도, 거실에서도, 캠핑장에서도, 조부모님 댁에서도 예배는 가능하다. 인도자 역시 꼭 부모일 필요는 없다. 자녀가 찬양을 인도하고, 기도를 시작하고, 말씀을 읽는 주체가 될 때, 예배는 자연스럽고, 즐겁고, 무엇보다 지속 가능해진다.

더행복한교회는 이러한 경험을 바탕으로 교회 전체 설교 본문과 교회학교 말씀 본문을 동일하게 구성한다. 주간 큐티 질문, 나눔 가이드, 부모용 말씀카드 등을 통해 가정에서 누구나 자연스럽게 예배를 드릴 수 있도록 돕는다. 물론 모든 가정이 가정예배를 실천하고 있는 것은 아니다. 그러나 설교 본문이 같다는 사실만으로도 부모와 자녀의 대화가 시작되고, 가정에서의 예배가 더 가까워졌다. *(*각 가정에 배포되는 가정예배지는 자작권 문제로 공유할 수 없음)*

무엇보다 중요한 것은, 부모가 먼저 신앙적으로 세워지는 것이다. 더행복한교회는 '마더와이즈', '파더와이즈' 성경공부 과정을 통해 부모들에게 기독교 세계관, 성경적 자녀교육, 감정 이해, 대화법 등을 교육한다. 매년 5월에는 부모들을 위한 기독교 교육 및 세계관 관련 메시지를 집중적으로 나누며, 신앙 교육의 주체로서 부모들이 스스로 방향을 잡을 수 있도록 돕는다. 정보에 그치지 않고 신앙적 통찰과 실천을 제공하는 것, 그것이 핵심이다.

가정을 세우는 또 하나의 핵심은 바로 부부 사역과 상담이다. 가정의 영적 기초는 부부의 일치에서 시작된다. 부부가 함께 예배드리고, 함께 기도하며, 함께 사역할 때 가정은 교회가 되고, 교회는 가정으로 확장된다.

더행복한교회는 부부셀 운영, 부부리더 제도, MG 리더 부부 기도회 등을 통해 부부가 함께 동역하는 사역의 틀을 갖추고 있다. 사역을 함께할 수 있는 다양한 프로그램도 운영되며, 신앙의 '나'가 아닌 '우리'로 살아가는 훈련의 장이 되고 있다.

더행복한교회가 건강한 셀 공동체를 세워오고, 예배와 사역의 현장에서 3040세대를 중심에 세울 수 있었던 데에는 그 모든 구조를 가능케 하는 '보이지 않는 중심'이 있다. 바로 담임목회자 부부의 삶과 헌신이다. 3040세대는 부모이고, 배우자이며, 동시에 누군가의 자녀다. 이들의 신앙은 개인의 문제가 아니라, 삶 전체와 얽혀 있는 복잡한 관계망 안에서 형성되고, 시험당하고, 회복되기도 한다. 그리고 그 복잡한 삶의 중심에는 언제나 '가정'이 있다.

더행복한교회에는 부부갈등으로 교회를 떠났던 성도들이 다시 돌아와, 회복의 길을 걸은 가정들이 적지 않다. 목회자 부부의 깊은 개입과 지치지 않는 돌봄이 있었기에 가능했던 일이다. 수많은 위기의 순간마다, 그들의 기도는 상담으로, 그들의 눈물은 동행으로 구체화되었다. 어떤 날은 새벽에 경찰서로 달려간 일도 있었다.

새벽 두 시. 한 자매가 떨리는 목소리로 전화를 걸어왔다. "목사님, 남편과 싸운 후 연락이 안 된 지 몇 시간이 넘었어요. 혹시 무슨 일이 생긴 건 아닐까요…?"

실종 신고를 했지만, 남편의 행방은 알 수 없었다. 아내는 무너질 듯 울었고, 필자 부부는 말없이 함께 기도하며 경찰서를 지켰다. 몇 시간 뒤, 기적처럼 한강 근처 편의점에서 카드 사용 흔적이 나타났고, 핸드폰이 잠시 켜졌다. 신호는 갔지만 전화를 받지는 않았다.

그때 여자 성도가 필자에게 말했다. "목사님… 제발 한 번만… 남편에게 전화해 주세요. 제발 집에만 돌아오게 해 주세요…"

그 간절함 앞에서 목회자는 목사가 아니라, 한 아버지의 마음으로 전화를 걸었다. 그리고 다행히 남편이 전화를 받았다. 그는 서울에서 안산으로 돌아가는 버스에 타고 있었다. 그제야 안도의 숨을 쉬며, 필자 부부는 그 밤, 그 고통의 시간을 함께했다. 그 시간이 새벽 세 시쯤으로 기억된다.

더행복한교회에는, 단지 프로그램이나 시스템으로는 설명되지 않는 '삶의 돌봄'이 있다. 성도들의 가정이 무너지는 순간, 목회자 부부는 그들의 가정 앞에 방파제가 되었고, 때로는 구급차보다 먼저 달려가는 구조대가 되었다. 목회는 결국 사람이고, 사람은 결국 '가정'에서 살아간다. 한 가정이 살아나는 것은 한 교회가 숨을 쉬기 시작했다는 증거이며, 그 한 가정을 살리는 힘은 목회자의 진심에서 비롯된다.

그렇다. 교회는 이렇게, 누군가의 인생을 끝까지 놓지 않는 '한 사람'으로 인해 다시 살아난다. 더행복한교회의 회복 서사, 그 중심에는 지금도 묵묵히 기도하며 동행하는 한 부부의 헌신이 있다.

한 고등학생 자녀는 부모의 싸움 속에서 이렇게 말하곤 했다.
"오늘이나 내일, 목사님과 사모님 또 오시겠네…"
또 다른 자녀는 말했다.
"우리 엄마 아빠는 이혼 못 해요. 목사님, 사모님이 있어서 절대 못 해요."

이 말은 단순한 유머가 아니다. 그것은 목회자 부부가 교회 공동체 안에서 어떤 역할을 하고 있는지, 그리고 3040세대의 부부들이 얼마나 외롭고 복잡한 현실 속에서 치열한 삶을 살고 있는지를 보여주는 생생한 증언이다.

부부 문제는 쉽게 말하기 어려운 주제다. 많은 이들이 혼자 앓고, 참다가 결국 별거나 이혼의 문턱에 서게 된다. 그러나 사소한 틈이라도 누군가에게 말할 수 있다면, 건강한 조언을 받을 수 있다면, 관계는 회복될 수 있다. 그래서 3040세대 목회에 있어 부부 상담은 선택이 아니라 필수다. 그리고 그 출발점은 목회자 부부가 먼저 건강한 모델로 서는 것이다.

가정은 교회의 가장 작은 단위이자, 가장 강력한 사역의 현장이다. 가정예배, 부모교육, 부부 신앙 프로그램은 3040세대가 신앙의 전수자로 서도록 돕는 중요한 통로이며, 그 통로를 통해 다음세대는 살아있는 신앙을 전수받게 될 것이다.

- 교회와 가정의 신앙의 고리를 만들어야 한다 -

한국교회의 영적 회복은 이제 '가정에서의 회복' 없이는 불가능하다. 오랫동안 교회는 예배당 중심, 목회자 중심, 건물 중심의 신앙 구조 속에서 성장해 왔다. 그러나 코로나19 팬데믹은 그 한계를 극명하게 드러낸 사건이었다. 예배당의 문이 닫히고, 현장 예배가 중단되었을 때, 수많은 성도들은 자신의 가정 안에서 예배와 말씀, 기도를 이어가지 못했다.

이것이 의미하는 바는 분명하다. 교회에서의 신앙이 가정으로 이어지지 않았다는 사실. 말씀과 기도, 공동체의 언어가 삶의 현장인 가정과 일상으로 흘러 들어가지 못한 채, 신앙이 '장소화'된 구조 안에 갇혀 있었다는 것이다.

이 문제는 단지 실천의 문제가 아니다. 교회론의 문제다. 교회란 무엇인가? 교회는 건물이 아니다. 교회는 예수 그리스도를 구주로 믿는 이들이 모인 공동체이며, '성도 한 사람 한 사람이 교회'라는 인식이 회복되지 않는 한, 신앙은 특정 장소에 종속되고 만다. 그래서 어떤 성도는 교회 안에서는 은혜롭고 헌신적인데, 집에만 가면 신앙이 작동하지 않는다. 가정은 '신앙의 사각지대'가 되어버린다.

진짜 신앙은 언제나 삶의 자리에서 뿌리를 내릴 때 살아난다. 그리고 그 첫 자리는 바로 가정이다. 자녀들은 부모의 모습을 통해 신앙을 배우고, 가정에서 드리는 기도와 말씀의 분위기 속에서 하나님을 인식해 간다. 그래서 묻고 싶다. 혹시 오늘날 신앙이 어렵고, 다음세대가 교회를 떠나는 이유는 우리가 교회에서만 신앙생활을 하려 했기 때문은 아닐까?

이 지점에서 3040세대는 매우 중요한 위치에 서 있다. 이들은 부모로서, 남편과 아내로서, 동시에 직장인으로, 자녀의 교육자이자 인생의 분투자로 살아간다. 이 모든 역할과 정체성은 교회에서만이 아니라 가정과 사회 속에서도 신앙으로 연결되어야 한다. 따라서 가정에서 시작되는 영적 갱신은 교회의 갱신으로 이어지는 가장 실천적이고도 강력한 길이다.

2024년 6월, 이 책이 집필되고 있는 지금 이 순간에도 더행복한 교회에서는 MIP(Moms In Prayer, 기도하는 어머니들) 안산 세미나가 열리고 있다. 이 모임은 1984년 미국의 한 어머니 펀니 콜스(Fern Nichols)로부터 시작된 세계적인 어머니 기도운동으로, 학교와 교사, 자녀들을 위해 기도하는 세계적인 네트워크를 이루고 있다. 더행복한교회는 이 MIP 사역을 통해 부모, 자녀, 교회, 학교를 하나의 기도선상으로 연결하며, 믿음의 세대를 준비하는 영적 생태계를 세워가고 있다.

기도는 가정과 교회, 그리고 다음세대를 연결하는 거룩한 다리다.

특히 3040세대는 자녀 양육, 직장, 인간관계, 경제적 부담 등 현실의 무게를 가장 무겁게 짊어지고 있는 세대다. 그들에게 필요한 것은 잘 짜인 프로그램이 아니라, 눈물로 드릴 수 있는 기도의 자리, 삶을 토로할 수 있는 신앙의 공간이다. 헤리티지 기도회, MIP 세미나, 셀 가정 기도회와 같은 공간은, 그 영적 생존을 가능하게 하는 산소통이다. 지금 이야말로 교회가 다시 물어야 할 때다.

"우리 공동체의 신앙은 가정 안에서도 살아 움직이고 있는가?"

그리고 3040세대는 지금, 바로 그 회복의 출발선에 서 있다.
그들이 가정에서 하나님을 다시 만날 때, 다음세대는 믿음의 유산을 눈으로 보게 될 것이다.

- 부모와 자녀의 교육의 고리를 만들어야 한다 -

지금까지 한국교회는 자녀는 주일학교, 부모는 본당 예배로 분리된 구조 속에서 신앙교육을 진행해 왔다. 오랫동안 이 방식은 너무도 당연하게 여겨졌고, 대부분의 교회가 이 틀을 그대로 유지해왔다. 하지만 이 구조는 의도치 않게 가정 안에서 신앙이 연결되지 못하게 하는 보이지 않는 장벽이 되었다.

교회에서는 예배를 드리지만, 집에 돌아가면 자녀와 신앙 이야기를 나누지 못하는 부모, 함께 설교를 들었지만 전혀 다른 언어로 받아들이는 가족, 이것이 바로 오늘날 신앙 전수의 현실이다. 신앙이 가족의 대화 주제가 되지 못하고, 각자의 공간에 머무는 구조, 이것이야말로 다음세대를 교회 밖으로 밀어내고 있는 결정적인 요인이다.

이제는 변화가 필요하다. 부모와 자녀가 함께 배우고, 함께 자라나는 '통합 교육'의 회복이 필요하다. 더행복한교회는 이 흐름을 따라, 주일학교뿐 아니라 셀 공동체 안에서도 부모와 자녀가 함께 말씀을 나누고, 삶의 주제를 공유하며, 때로는 함께 예배하는 구조를 실천하고 있다.

예를 들어, 어린이 셀과 부모 셀의 동일 주제 말씀 나눔, 가정예배 본문과 셀 나눔 본문의 연동, 부모+교사 연합 기도회, 자녀 간증이 포함된 셀 모임은 부모를 단지 '협력자'가 아닌 '신앙 교육의 동역자', 또는

'주체'로 세우는 통로가 되고 있다. 이러한 통합 교육은 시스템의 변화가 아니다. 그것은 곧 가정과 교회가 함께 자녀의 신앙을 책임진다는 공동체적 선언이자 실천이다.

2024년 가을, 더행복한교회는 한 걸음 더 나아가 새로운 도전을 시작했다. 그것이 바로 '어린이 교회'다. 어린이 교회는 말 그대로, 아이들이 교회의 성도로서 주체적으로 하나님의 나라를 세워가는 예배 공동체다. 아이들이 부모님의 교회에 소속된 수동적인 존재가 아니라, 자신의 교회를 세우고, 자신의 하나님을 예배하는 주체가 되도록 돕는 시도였다.

이 사역이 시작된 계기는 의외였다. 오랜 시간 충성스럽게 섬겨온 교육부서 사역자들이 기관으로부터 콜링을 받고, 또 가정의 사정으로 인해 동시에 사역지를 떠나게 되었다. 사역자를 다시 세우고 채용하는 것이 불가능한 일은 아니었지만, 3~5년마다 반복되는 이 구조의 한계를 깊이 고민하게 되었다.

그래서 다시 물었다. "주일학교의 본래 정신은 무엇이었는가?" 18세기 영국 산업혁명기, 부모들이 노동 현장으로 나가면서 방치된 아이들을 위해 교회가 시작한 무상 교육, 그것이 바로 선데이스쿨의 기원이었다. 한국 역시 일제강점기 시절, 학교를 다닐 수 없던 아이들에게 교회가 교육의 공간이자 신앙의 기초를 제공했던 역사가 있고, 부흥의 원동력이 되었다.

하지만 지금은 어떤가? 아이들은 일주일 내내 학교에 다닌다. 배움의 기회는 넘쳐나지만, 스스로 배우고 선택하고 이끄는 신앙의 자리는 여전히 비어 있다. 많은 아이들이 부모의 교회, 부모의 신앙에 이끌려 교회를 다닐 뿐, 자신의 신앙과 교회를 소유하지 못한 채 자라난다. 그러다 고등학교를 졸업하고 부모의 손에서 벗어나면, 10명 중 7명(68%) 가까이 교회를 떠난다는 통계는 결코 우연이 아니다. 이러한 고민 끝에 시작된 어린이 교회는 단순한 포맷의 변경이 아니었다.

'아이들에게 교회를 줄 수는 없을까?'
'아이들이 하나님을 만날 수 있는 공동체를 만들 수는 없을까?'

어린이 교회를 사역자 없이 시작했다. 대신, 교사들이 성경 본문을 함께 연구하고, 스토리텔링으로 말씀을 나누도록 구조화했다. 현재 대한민국의 많은 교회가 사용하는 교재를 도입하여, 전부서가 동일한 말씀을 듣고, 익히며 배우게 했다. 정기적인 모임으로 스토리텔링으로 말씀을 전하는 교사들을 필자인 담임목사가 말씀의 방향을 감수하고, 교육 디렉터인 아내가 전반적 흐름을 지도한다.

아이들은 수동적인 청중이 아니라, 예배의 주체가 되었다. 고학년 학생들이 예배를 인도하고, 찬양팀을 조직하고, 드럼과 건반, 기타, 보컬로 섬기며 직접 교회를 만들어갔다. 안내팀도, 헌금위원도 아이들 스스로 맡기 시작했다.

놀라운 변화가 일어났다. 늘 장난치며 뒤에서 앉아 있던 아이들이 언니 오빠들이 예배를 인도하는 모습을 보고 스스로 자세를 고쳐 앉았다. 그리고 어느 날, 한 아이가 조심스레 물었다.

"목사님, 저도 예배팀에 들어갈 수 있을까요?"
"사모님, 저도 찬양 인도하고 싶어요!"

사모함이 예배를 만들고, 예배가 삶을 바꿔가기 시작한 순간이었다. 이제는 교회 안에서 악기를 가르치는 성도들이 직접 아이들을 가르치고 있으며, 배움의 자리는 늘 대기자가 생길 정도로 활발하다. 예전에는 관심도 없던 악기 배우기를, 이제는 "하나님을 예배하고 싶다"는 마음으로 신청하는 아이들이 늘고 있다.

더행복한교회의 2025년 초등부와 중고등부 여름수련회는 그동안의 방식과는 전혀 다른, 깊이 있는 신앙 체험과 공동체 교육의 전환점이 될 것이다. 우리는 이제 단지 아이들에게 좋은 프로그램을 제공하는 것을 넘어서, 그들의 몸과 마음에 신앙의 뿌리를 심는 사역을 고민하고 있다.

오늘의 시대는 아이들이 태어날 때부터 핸드폰과 함께 자라는 세대다. 정보는 빠르고, 연결은 쉽다. 그러나 그 편리함 뒤에는 깊은 중독과 무기력, 단절과 불안이라는 그림자가 따라온다. 초등학교 저학년부터 고등학생에 이르기까지, 아이들은 점점 더 사람보다 화면에 익숙해지고, 대화보다 영상에 몰입하며, 신앙보다 즉흥적인 자극에 민감한 삶을 살아간다.

이런 현실 앞에서, 더행복한교회는 결단했다. 편리함을 잠시 내려놓고, 믿음의 걸음을 함께 걷자. 2025년 여름, 우리는 초등학교 1학년부터 고등학교 1학년까지의 모든 학생들이 다같이 시화 방조제를 걷는 수련회를 준비하고 있다. 초등학교 1학년부터 3학년까지는 4km, 4

학년부터 고등학교 1학년까지는 약 8km를 걷게 될 것이다. 이 수련회는 단순한 행군이 아니다. 인내를 배우는 시간이며, 절제를 체험하는 여정이고, 공동체 안에서 함께 완주하는 신앙의 상징적 여정이다. 처음엔 무겁고 힘들고, 걷기 싫은 아이들도 있을 것이다. 하지만 그 길 위에서, 아이들은 깨닫게 될 것이다. 혼자는 어렵지만, 함께라면 가능하다는 사실을, 기도하며 한 걸음씩 내디딜 때, 하나님의 도우심으로 끝까지 갈 수 있다는 신앙의 진리를 몸소 체험하게 될 것이다.

이 수련회의 하이라이트는 마지막 도착지에서 펼쳐진다. 방조제의 끝에서, 부모님들이 기다린다. 땀으로 범벅된 아이들을 향해 박수를 보내고, 완주 메달을 목에 걸어준다. 그 메달은 단순한 '수료의 기념'이 아니라, "너는 할 수 있는 아이야", "너는 끝까지 갈 수 있어"라는 축복의 선언이다. 아이들은 그 순간, 자신이 포기하지 않고 완주한 인생의 첫걸음을 기억하게 될 것이다. 그리고 그날, 아이들은 부모와 함께 칼국수를 나누며 삶의 소중한 승리를 맛보게 될 것이다.

'힘든 길을 걸었기에 더 깊은 기쁨이 있다'는 이 진리를, 말이 아닌 몸으로 배운다. 부모와 함께 기뻐하고, 공동체와 함께 웃는 이 순간은, 신앙이 추상에서 삶으로, 머리에서 가슴으로 옮겨지는 결정적인 전환점이 될 것이라 믿는다.

우리는 이 수련회를 통해 아이들이 편리함만을 좇는 세대를 넘어서, 인내와 절제를 품은 세대로 자라나길 꿈꾼다. 쉽게 포기하는 시대에,

포기하지 않는 마음을, 혼자만의 삶에 익숙한 시대에, 공동체의 가치를 심고 싶다. 그 길의 끝에서, 우리는 아이들의 눈빛 속에서 "나는 끝까지 갈 수 있는 사람입니다"라는 믿음의 고백을 보게 될 것이다. 그리고 그것이 바로, 진짜 신앙교육의 열매가 아닐까 생각한다.

더행복한교회는 이렇게 어린이가 주체인 교회를 아이들에게 자신의 신앙과 예배, 공동체를 선물하고 있다. 그리고 언젠가는 초등학생들만으로 구성된 전문 어린이 교회를 세워, 그들만의 예배, 찬양, 말씀, 사역이 살아 숨 쉬는 진짜 다음세대 공동체를 세우고자 하는 꿈을 품고 있다.

통합 교육의 목적은 부모가 주체가 되는 데 있지 않다. 아이들 또한 자기 신앙의 주인이 되게 하는 것, 그것이 진정한 통합이다. 그렇게 교회는 부모와 자녀, 신앙과 삶, 다음세대와 현재를 함께 세우는 공동체가 되어야 한다.

그런 의미에서 더행복한교회는 6층 본당을 초등부 친구들에게 양보했다. 그리고 어른들은 초등부가 예배하던 4층 작은 공간으로 내려와 2부와 3부로 나눠서 예배를 드리고 있다. 이러한 결정은 다음세대를 향한 더행복한교회 성도들의 바램이자 결단이었다.

11장
공감고리를 만드는 교회

- 공감이 흐르는 교회여야 한다 -

3040세대는 더 이상 예배를 '형식'으로만 드리고 싶어 하지 않는다. 그들은 예배 안에서 진정성, 공감, 몰입, 그리고 삶과 연결되는 현실성 있는 메시지를 갈망한다. 단지 찬양이 현대적이라 감동하는 것이 아니라, 감정과 영혼을 일깨우는 찬양, 지금 내 상황과 연결된 말씀, 회복을 위한 기도를 통해 하나님과의 실제적인 만남을 갖는다.

이들이 예배에 대해 묻는다.

"왜 꼭 이런 방식으로 예배해야 하죠?"

"정해진 포맷이 아닌, 내 마음을 담을 수 있는 예배는 없을까요?"

"지금 이 찬양이 정말 하나님께 닿고 있는 걸까요?"

이 질문 속엔 익숙한 예배가 아니라, 살아 있는 예배를 향한 갈망이 담겨 있다. 3040세대는 '왜'에 대한 의미가 분명한 예배, 하나님과 삶이 연결되는 감정의 언어, 신앙 고백이 진짜로 드러나는 공간을 통해 예배의 문을 열고 들어온다. 3040세대들에게 있어서 예배는 '참석'이 아니라 '삶을 버티는 힘'이다.

더행복한교회는 바로 그 지점에서 예배를 다시 설계했다. 예배는 단지 종교적 의무가 아니라, 지친 하루를 버텨낼 수 있는 은혜의 자리여야 했다. 그래서 새벽예배는 과감히 없앴다. 왜냐하면 밤늦게까지 아이를 재우고, 밀린 집안일을 마무리하며, 아침이면 유치원과 직장으로 분주한 이 세대에게, 정해진 시간에 모이는 예배는 오히려 부담이었다. 대신 각자의 자리에서 말씀 큐티를 나누고, 셀 카톡방을 통해 묵상을 공유하며, 하루의 시작을 하나님과 연결 짓는 영적 루틴을 만들었다. 그러다보니 매일 아침 셀원들과 함께하는 셀 카톡방은 묵상의 내용들과 아멘으로 반응하는 소리들로 분주하다.

수요예배도 동일한 이유로 운영하지 않았다. 그 대신 담임목사와 함께하는 하나님나라 제자훈련, 부목사님과 함께하는 성경 파노라마,

실천 중심의 성경공부로 대체했다. 주중 예배가 하나의 '참석 대상'이 아니라, 영적 필요를 채우는 훈련의 시간으로 바뀌자, 성도들은 의무감이 아닌 자발성으로 예배와 훈련에 참여하기 시작했다.

장년주일예배 또한 삶의 흐름을 고려한 예배 구조를 만들었다. 더행복한교회는 주일예배도 1부, 2부, 3부로 유연하게 구성되어 있다. 1부는 요양원에서 드리는 어르신 예배로, 2부는 주일학교 교사들이 교회학교를 섬기기 전 예배로 설계되었다. 보통의 교회에서 오전 11시 메인예배를 온라인으로 송출하는 것과 달리, 더행복한교회는 2부(9:30)를 기준으로 제공되어 아이 돌봄 등으로 현장 예배가 어려운 교사들이 예배 흐름을 놓치지 않도록 돕는다. 3부(11:30)는 가장 많은 성도들이 참석하는 메인 예배로, 새가족과 방문자, 3040세대가 주로 유입되는 통로가 되고 있다. 동 시간에는 각 장소에서는 주일학교 예배가 부서별로 진행된다.

이러한 예배 시스템은 중소형 교회라면 더 쉽게 시도할 수 있는 구조다. 대형 교회처럼 시스템이 복잡하지 않으므로 한 사람, 한 가정을 위한 예배 시간 조정이 가능하다. 유모차 공간, 기저귀 교환대, 가족이 함께 앉을 수 있는 배려된 좌석, 이런 세심한 준비 하나하나가 예배의 문턱을 낮추는 것이 아니라 문턱을 없애는 일이었다. 설교 또한 철저히 3040세대에 맞춰져 있다. '삶의 언어'로 설교하고, '마음의 언어'로 기도한다. 성경 해석은 단단하게, 그러나 예화는 일터와 가정, 관계, 감정으로부터 나온다. 말씀은 삶으로 이어지고, 교리는 현실로 다가온다. 물론 어른 세대나 청년층에 대한 배려도 함께 고민된다.

"어른 새가족이 들어왔을 때 이 설교에 공감할 수 있을까?"
"젊은 세대의 언어가 다른 세대에게도 복음이 될 수 있을까?"

설교를 준비할 때, 1번 대지는 어르신과 초신자들도 들을 수 있도록 쉽게 준비한다. 그럼에도 불구하고, 지금 이 순간은 3040세대를 향해 중심을 잡는 메시지가 대부분이다. 왜냐하면 이들이 교회로 돌아오지 않으면, 다음세대는 존재하지 않기 때문이다.

- 감성으로 시작되는 예배여야 한다 -

3040세대는 논리보다 감성에 반응하고, 구조보다 분위기로 마음을 연다. 그러므로 이들에게 예배는 단지 형식적인 '순서'가 아니라, 마음이 살아 움직이는 은혜의 통로여야 한다. 정제된 시스템보다 기름부음 있는 예배, 짜여진 콘티보다 진심이 묻어나는 찬양이 이들의 마음을 여는 열쇠다. 더행복한교회는 이런 감성의 흐름을 예배 안에 담기 위해 찬양팀의 사역을 매우 중요하게 여긴다. 현재 2부 예배 찬양팀,

3부 예배 찬양팀, 금요기도회를 섬기는 찬양팀으로 총 3개의 팀이 각 예배의 특성과 리듬에 맞춰 사역하고 있다.

이 팀들은 단지 '노래를 부르는 사람들'이 아니다. 예배의 문을 여는 제사장이며, 성도들의 마음을 하나님 앞으로 인도하는 예배의 길잡이다. 모든 찬양팀은 예배 전에 콘티를 공유받고, 각자의 자리에서 기도하며 예배를 준비한다. 현장에서는 최소 30분에서 1시간 전 리허설을 통해 곡의 완성도를 다듬고, 무엇보다 기도로 함께 마음을 모은다. 이 기도의 시간은 단순한 준비가 아니다. 하나님의 기름부으심을 기다리는 간절한 사모함의 시간이다.

더 중요한 건 '삶의 예배'가 있다는 것이다. 찬양팀은 정기적으로 모여 기도할 뿐 아니라, 서로의 삶을 나누고, 중보하며, 눈물로 섬긴다. 팀이 '하나'가 될 때, 하나님의 임재는 그 공동체 가운데 거하시고, 그 임재 속에서 찬양은 곡이 아니라 은혜가 되어 울려 퍼진다. 예배는 준비된 곡과 장비, 사운드만으로 채워지는 것이 아니다. 관계의 깊이, 중보의 진심, 삶의 공유 등 모든 것이 어우러질 때 비로소 기름부음 있는 예배가 탄생한다. 성도들은 그것을 단번에 느낀다. 마음이 열리고, 눈물이 흐르며, 무거웠던 영혼이 가볍게 하늘을 향해 올라간다. 그래서 더행복한교회의 찬양팀은 단순한 '찬양 인도자'가 아니다. 영적 예배의 문을 여는 사람들, 하나님과 사람 사이의 감성적 다리가 되는 이들이다. 예배는 시스템이 아닌 감성에서 시작되며, 감성은 기도로 준비된 사람들의 관계 속에서 피어난다. 그리고 그 감성이 진정으로 하나님께 향할 때, 예배는 단지 감동을 넘어서 심령의 부흥으로 이어지게 된다. 대형 교회처럼 무대와 조명이 화려하지 않지만 중소형 교회는 더 가까운 거리에서 이름을 불러줄 수 있고, 눈을 마주칠 수 있는 예배가 가능하다. 추상적 신학보다 삶의 언어, 정해진 순서보다 공감의 흐름, 종교적 문장보다 진심의 기도로 채워진 예배야말로 3040세대를 움직이게 하는 힘이다.

- 감사가 가득한 예배를 만들어야 한다 -

더행복한교회의 주일예배에 특별한 순서가 있다. 그것은 바로 '감사의 고백'이다. 설교 외에도, 예배 중에는 공동체를 위한 중보기도, 가정과 일터를 위한 축복의 기도, 셀 공동체에서의 간증 나눔, 그리고 성도 각자의 삶에서 드러난 감사의 고백들이 함께 드려진다. 이것은 예배를 단지 말씀을 '듣는 자리'가 아닌, 하나님과 대화하는 시간, 공동체와 삶을 나누는 자리로 바꾸는 중요한 흐름이 되었다.

감사의 고백은 단순한 이벤트가 아니다. 그 시작에는 한 장면의 깊은 감동이 있었다. 필자가 인도네시아 자카르타의 아바러브 셀교회를 탐방하던 중, 예배 중에 한 성도가 갑자기 손을 들고 일어나더니 자신의 삶을 나누기 시작했다. 영어로 말했기에 모든 내용을 완전히 이해할 수는 없었지만, 분명히 삶의 자리에 임한 하나님의 은혜를 간증하는 순간이었다. 예배를 안내해 주던 현지 사역자는 설명했다.

"우리는 매주 이렇게 예배 중에 간증을 나눕니다. 어떤 날은 설교보다 더 큰 은혜가 이 고백 속에서 흘러나오기도 합니다."

그 순간, 필자의 마음에 한 가지 결심이 생겼다.

"내가 교회를 개척하게 된다면, 예배 속에 삶의 고백이 살아있게 하자. 간증이 있는 예배, 고백이 있는 공동체를 만들자."

이런 은혜의 간증이 한국적 정서에서 결코 쉬운 일이 아니다. 그래서 우리는 간증이라는 용어 대신, '감사의 고백'이라는 이름으로 그 순서를 자리 잡았다. 삶에서 흘러나온 작고 큰 감사들을 매주 예배 중에 나누는 것이다.

기억에 남는 고백들이 많다. 한 번은 주일 예배 후, 지하 주차장에서 차를 빼다가 건물 주인의 외제차를 긁게 되었다는 한 성도의 고백이다. 순간 성도들의 탄식이 흘러나왔다. 하지만 그는 용기를 내어 목회자에게 상황을 알렸고, 목회자와 건물주가 알고 지내던 인연이 있어

직접 음료를 들고 찾아가 정중히 사과드린 끝에 사건은 은혜롭게 마무리되었다. 이 고백이 끝나자, 예배당 안에는 박수와 웃음, 그리고 따뜻한 위로가 함께 흘렀다.

또 한 번은 개척 초창기, 국민일보 기자가 교회를 취재하러 왔던 주일이었다. 한 성도가 조심스레 손을 들었다. "지난주 건강검진 결과에서 이상이 발견되어 수술을 앞두고 있습니다. 하지만 조기에 발견하게 된 것도 감사하고, 빠르게 수술 일정을 잡게 된 것도 감사해서 고백하고 싶었습니다." 그 고백에 예배당 전체가 조용해졌다. 고통 가운데 드러난 '감사'에 모두가 울컥했고, 함께 기도했다. 당시 취재를 담당하던 기자는 나중에 이렇게 말했다.

"몸에 문제가 생긴 것이 감사라는 고백이라니… 저는 그런 예배를 처음 봤습니다."

그 고백의 주인공은 건강하게 회복되어, 지금도 교회를 충성스럽게 섬기고 있다. 그리고 그의 고백은 공동체의 기도가 되었고, 공동체의 기도는 또 다른 고백이 되었다. 예배에 참여한 성도들은 입을 모아 말한다. "그 고백이 저의 이야기였고, 저의 눈물이었습니다."

감사의 고백은 더행복한교회의 예배를 풍성하게 한다. 설교자만이 아닌, 모든 성도가 예배의 주인공이 되는 시간이다. 누구에게나 열려 있고, 누구에게나 기회가 주어진다. 그리고 그 안에서, 삶은 예배가 되고, 예배는 공동체의 고백이 된다. 이 고백이야말로, 하나님께 드리는 최고의 예배다. 더행복한교회의 예배 중 감사의 고백은 지금도 계속되고 있다. 교회 10주년을 맞아 진행한 설문조사에서도 '감사의 고백'은 설교와 찬양, 그다음으로 은혜로운 시간이 되었다.

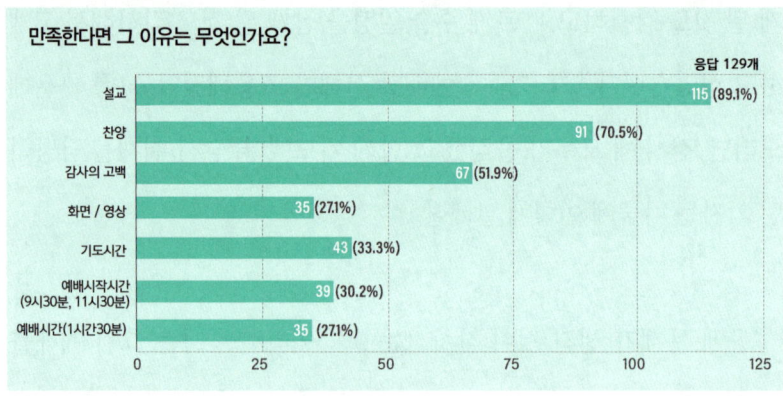

중소형 교회에서의 3040세대를 위한 예배 디자인은 그들의 삶의 리듬과 필요를 이해하는 데서 출발해야 한다. 이들은 직장과 육아를 병행하는 세대로, 예배 시간의 유연성이 절실하다. 따라서 기존의 획일적인 예배 구조에서 벗어나, 2부 또는 3부 예배를 통해 다양한 시간대에 예배드릴 수 있는 환경을 마련해야 한다.

● 현실적인 영성, 지속 가능한 기도의 리듬

영적 생활의 깊이를 위해 새벽예배는 분명 의미 있는 전통이다. 그러나 하루 24시간을 쪼개어 살아가는 오늘날의 3040세대에게 새벽이라는 시간은 때로는 부담이 되기도 한다. 치열한 하루의 끝자락에 간신히 숨을 돌리는 이들에게 새벽을 다시 깨우라는 요구는 현실의 무게와 충돌하기 마련이다.

더행복한교회는 이러한 현실을 외면하지 않는다. 우리는 젊은 세대에게 새벽을 '강요'하기보다는, 일상의 자리에서 영적 연결감을 지속할 수 있는 실제적인 대안을 고민해 왔다. 그래서 우리는 소그룹을 중심으로 큐티(QT) 나눔과 온라인 기반의 묵상 공유 시스템을 활성화하고 있다. 이를 통해 성도들은 각자의 자리에서 말씀을 묵상하고, 함께 나누며, 신앙의 리듬을 잃지 않고 살아갈 수 있다. 뿐만 아니라 특별한 기도회들은 대부분 저녁 시간대에 집중해서 진행된다. 고난주간 특별기도회, 느헤미야 회복기도회, 미스바 부흥기도회 등 교회의 주요 기도회들은 모두 저녁에 열린다.

이러한 선택은 단순한 시간 조정이 아니다. 3040세대가 더 깊이 집중할 수 있고, 늦은 시간까지 마음껏 기도할 수 있는 환경을 제공하겠다는 목회적 판단이며, 실제로 그 참석률과 영적 반응은 매우 긍정적이다.

기도는 시간보다 마음의 중심이 중요하다. 우리의 목표는 하나님과의 연결이 끊어지지 않는 예배 공동체이며, 그 연결이 현실 속에서도 계속될 수 있도록 돕는 것이다. 그것이 바로, 지속 가능한 영성의 길이다.

- 예배 안에서 숨쉴 수 있어야 한다 -

3040세대는 단지 교회에 돌아오기를 바라는 존재가 아니다. 그들은 예배 안에서 숨 쉬고 싶어 하는 세대다. 삶과 신앙의 간극을 좁히며, 공허한 종교행위가 아닌 진짜 감동과 연결을 경험하기 원한다. 그러므로 이 세대를 위한 예배는 단순히 형식을 잘 갖춘 프로그램이 아니라, 그들의 현실을 이해하고 품는 예배여야 한다.

더행복한교회는 이러한 고민 속에서, 주일학교와의 유기적 연계를 통해 3040세대 부모들이 예배와 양육을 병행할 수 있는 구조를 마련해 왔다. 2부 예배는 교사 중심의 예배로, 자녀를 섬기기 전 하나님 앞에 먼저 은혜받을 수 있도록 운영되며, 온라인 스트리밍을 병행해 교사뿐만 아니라 직장과 가정의 리듬 속에 있는 이들도 끊어짐이 없이 예배에 참여할 수 있도록 돕고 있다.

설교 또한 이들의 '삶과 신앙 사이의 긴장'을 외면하지 않는다. 고단한 삶 속에서 복음이 현실을 해석하는 힘이 되도록 설교자는 오늘을 살아내는 언어로, 공감의 울림으로 복음을 전해야 한다.

　3040세대는 정보가 아닌 진심에 반응하고, 이론보다 삶의 통찰을 통해 복음을 받아들인다. 예배 공간에 대한 세심한 배려 역시 간과할 수 없다. 유모차를 둘 수 있는 공간, 기저귀를 갈 수 있는 장소, 수유실 등은 단지 편의시설이 아니다. 이런 작은 공간 안에서 3040세대는 "이 교회는 우리를 진심으로 환영한다"는 메시지를 감지한다. 안산의 모 교회는 출산 시 금반지를 증정하거나, 첫돌 전까지 양육비를 지원하며 3040세대의 참여를 독려하고 있다. 참으로 아름답고 의미 있는 시도들이다.

　그보다 더 중요한 것은, 이들이 '머물 수 있는 이유'가 되는 공동체다. 외적인 혜택만으로는 교회의 진심을 증명할 수 없다. 설교와 예배 시스템, 소그룹과 양육 구조가 실제로 뒷받침될 때, 3040세대는 떠나지 않는다. 그들은 떠난 적이 없다. 다만 머물 곳이 없었던 것이다. 3040세대는 교회의 미래이자, 현재다. 그들을 위한 예배 디자인과 시스템은 단지 전략이 아니라, 다음 세대를 품고자 하는 교회의 자세이며 결단이다.

　예배는 하나님을 위한 것이 맞다. 그러나 그 예배에 '3040세대의 삶'이 담기지 않으면, 그 감동은 오래가지 않는다. 그들은 지금, 단지 돌아오고 싶은 것이 아니라, 예배 안에서 진짜 살아 숨 쉬고 싶은 것이다. 한국교회여, 감성으로 예배하라. 공감으로 문을 열고, 진심으로 마음을 채워라. 그때, 3040세대는 다시 예배의 자리로 돌아올 것이다. 그리고 거기서 다시 살아날 것이다.

- 유연성과 자율성이 보장되어야 한다 -

3040세대는 바쁘다. 더행복한교회의 상황에 따르면, 이 세대의 약 80%가 맞벌이 부부다. 자녀 양육과 직장, 인간관계, 부모 부양, 가정의 생계 등 삶의 다양한 책임을 동시에 감당하고 있는 이들에게 '무조건적인 헌신'은 때로는 부담으로 다가온다. 하지만 이들이 헌신을 거부하는 것은 아니다. 오히려 그들은 '강요된 참여'가 아닌 '초대받은 헌신'에 더 깊이 반응한다. 사역의 의미가 충분히 전달되고, 공감이 형성될 때, 이들은 기꺼이 자신을 드리고 오래도록 머문다.

중소형 교회에서 자주 나타나는 어려움 중 하나는 인력의 제한으로 인한 반복적 사역 동원구조이다. 헌신할 사람이 적다 보니, 같은 사람에게 사역이 계속 돌아가고, 결국 그들은 소진과 탈진을 경험하게 된다. 교회는 '지속 가능한 사역'을 고민하기 이전에, '회복 가능한 사역 구조'를 먼저 설계해야 한다.

예를 들어, 정기적으로 사역자의 쉼을 허용하는 제도, 단기 사역 기회, 여유 있는 유보 기간, 팀 단위로 분담하는 사역 체계를 운영할 수 있다. 이는 중소형 교회에서도 충분히 도입 가능하다. 모든 사역을 '장기 고정'이 아닌 '선택 가능한 기간제 참여'로 바꾸고, 사역 간 순환을 가능케 하면 성도들의 탈진을 줄이고 회복을 돕는다.

더행복한교회는 '셀 리더 안식년 제도'를 통해 사역자의 회복을 제도화하고 있다. 셀 리더가 일정 기간 섬긴 후, 영적 탈진 또는 개인적인 필요에 따라 안식년을 갖도록 권장하며, 그 공백은 부리더, 상위리더(MG 리더), 또는 담임목사가 채운다.

이처럼 시스템이 유기적으로 돌아가도록 설계되면, 사역자는 부담 없이 휴식하고, 공동체는 지속적으로 성장할 수 있다. 그러다보니 더행복한교회는 연말에도 그만두겠다는 리더가 없다. 연초가 되었으니 새로운 리더를 세워야 한다는 부담도 없다. 이러한 리더십 시스템이 교회를 건강하게 하는 요소라고 할 수 있다.

더행복한교회는 자발적 동아리 문화를 적극 장려한다. 탁구, 농구, 테니스, 푸드트럭 노방전도, 러닝크루 등 다양한 동아리 활동이 운영되며, 이 모두가 자발적으로 구성되고 유지된다. 흥미로운 점은, 가장 핵심적인 사역인 셀모임조차 '의무'가 아니라 '자율'을 기반으로 운영된다는 것이다. 출석 체크도 없고, 보고서 제출도 없다. 리더들의 역량을 신뢰하고, 그 신뢰 안에서 자율적이고 성숙한 리더십이 발휘된다.

3040세대는 단지 '봉사인력'이 아니다. 그들은 사역 안에서 하나님의 손길을 체험하고 싶어 하는 예배자다. 그러므로 이들을 오래도록 교회 안에 머물게 하려면, '어떻게 일을 시킬 것인가'보다 '어떻게 함께 할 것인가'를 고민해야 한다. 사역은 은혜의 흐름 속에 있어야 하며, 그 흐름은 쉼과 순환, 의미와 자율성 속에서 지속될 수 있다. 특히 500명 이하의 중소형 교회에서도 3040세대를 위한 유연한 사역 구조는 충분히 실현 가능하다.

● 다음은 각 교회가 현실 속에서 시도할 수 있는 구체적 적용 방안들이다.

첫째, 리더십 유예 제도를 도입하라. 소그룹 리더에게 일정 기간의 사역을 섬긴 뒤, 유예를 요청하면 '안식 기간'을 가질 수 있도록 제도화하면 좋다. 단, 공백을 최소화하기 위해 미리 대체 리더를 훈련해 두는 시스템이 병행되어야 한다. 이는 리더의 소진을 막고, 새로운 리더를 세우는 자연스러운 흐름을 만들어 준다. 둘째, 사역 로테이션 시스템을 설계하라. 예배 찬양팀, 방송팀, 환영팀 등 모든 사역팀에 '6개월~1년 단위 로테이션 제도'를 운영해 보자. 사역자에게 '쉬어갈 수 있는 여지'를 열어주는 것은, 그들을 지속적으로 건강하게 섬기게 하는 지혜다. 한 사역에 오래도록 묶여 있는 것이 은혜가 아니라, 지속 가능한 섬김의 리듬을 제공하는 것이 은혜일 수 있다. 셋째, 삶을 나누는 '동아리 사역'을 장려하라. 사역 중심의 구조를 넘어, 관심과 취미를 공유할 수 있는 관계 중심의 동아리 문화를 교회 안에 세워보자. 등산, 독서,

운동, 육아, 사진 등 소소한 관심사가 공동체의 접점이 될 수 있다. 젊은 세대는 '공감'으로 시작해 '공동체'로 이어지는 흐름을 타고 교회에 정착하게 된다. 넷째, 신뢰 기반의 사역 문화를 형성하라. 3040세대는 '왜 이 일을 해야 하는지'에 대한 설득과 의미 부여가 있어야 움직인다. 보고와 통제 중심의 운영보다는, 내용 중심의 자율적 문화가 자리 잡도록 도와야 한다. "나는 교회로부터 신뢰받고 있다"는 경험은 이들에게 헌신의 지속성을 결정짓는 가장 중요한 요인이 된다.

3040세대는 '무조건 하라'는 명령에 움직이지 않는다. 오히려 '왜 해야 하는가'를 납득할 때, 그리고 그 안에서 하나님을 만날 수 있을 때, 그들은 주도적으로 헌신하며 오래도록 그 자리를 지킨다. 오늘날 교회가 3040세대를 붙잡고 싶다면, 그들을 일의 도구가 아닌, 하나님의 동역자로 존중하는 구조로 전환해야 한다. 공감과 의미, 자율의 공간이 살아 있는 공동체야말로, 이 세대가 기꺼이 뿌리내릴 수 있는 교회가 될 것이다.

- 사람을 살리는 예배여야 한다 -

3040세대는 억지로 드리는 예배가 아니라, 기쁘게 드릴 수 있는 예배를 원한다. 그들에게 '기쁨'이란 단순한 감정의 분출이 아니다. 오히려 공감받고 회복된 결과로 터져 나오는 신앙의 열매다. 삶에 깊이 뿌리내린 신앙이 진정한 만남을 경험할 때, 그 안에서 기쁨은 자연스럽게 흘러나온다. 그러나 현실 속 많은 교회는 여전히 예배를 '무거운 책임감의 구조'로, 사역을 '충성의 증명서'로 요구한다. 이러한 분위기 속에서 3040세대는 점점 더 예배를 부담스럽게 여기고, 사역을 피로하게 느끼게 된다. 신앙의 기쁨은 줄어들고, 의무감만이 남는다. 하지만 아이러니하게도, 중소형 교회는 이 문화를 바꿀 수 있는 가장 좋은 환경을 갖고 있다. 대형 교회보다 예배당은 작지만, 눈을 마주칠 수 있는 거리에 성도들이 앉아 있고, 사역은 복잡하지 않기에 오히려 관계 중심으로 재편되기 쉽다.

한 사람의 삶을 알고, 그 이야기를 기억하며, 설교와 기도 속에 성도 개인의 실제 상황이 녹아든다면 예배는 단순한 형식이 아니라 삶의 리듬이 된다. 사역 역시 부담이 아니라 회복된 기쁨의 자연스러운 표현이 된다. 이러한 변화는 시스템이 아닌 태도에서 시작된다. 출석 여부를 체크하기보다는, '당신이 오니 우리가 더 기쁩니다'라는 환대를 경험하게 하고, 사역을 부탁하기보다는 '이 일을 통해 하나님을 만나셨으면 좋겠습니다'라고 마음을 나누는 것이다. 형식이 아니라 진심, 동원이 아니라 초대, 부담이 아니라 기쁨이 교회의 기본 언어가 될 때, 예배는 다시 생명력 있는 자리가 된다.

더행복한교회는 예배 속에 작지만 의미 있는 변화를 시도하고 있다. 예배 중간에 '감사의 순간을 나누는 시간'을 갖거나, 가정을 축복하는 기도, 직장인을 위한 중보기도, 기념일을 함께 축하하고 격려하는 문화를 통해 예배를 단지 '참석해야 할 자리'가 아니라, '다시 오고 싶은 자리'로 바꾸어가고 있다. 이러한 실천은 어떤 화려한 프로그램이나 대형 예산이 필요한 일이 아니다. 오히려 중소형 교회에서 훨씬 쉽게 실현할 수 있다. 단 몇 명이라도 그들의 삶을 기억하고, 이름을 불러주고, 기도 제목이 응답된 것을 함께 축하하는 문화가 있다면, 그 예배는 진정한 공동체의 중심이 된다.

다음은 3040세대가 기쁨으로 예배하고, 자발적으로 헌신할 수 있도록 돕는 문화 전환의 실제적인 방안들이다. 첫째, 예배 속 '삶의 언어' 사용이다. 설교는 현실의 언어로 소통되어야 한다. 직장에서의 갈등, 육아의 고단함, 관계의 상처 같은 실제적 상황들이 성경 말씀과 연결될 때, 3040세대는 공감과 회복을 경험한다. 십수 년 들었던 성경이야기는 중요한 진리임에도 불구하고 현실에 적용되지 않는다면 귀담아 들으려 하지 않는다. 또한 목회자의 삶을 통해 실제로 나타나야 은혜로운 설교가 된다. 둘째, 개인의 이야기가 환영받는 예배가 되어야 한다. 예배 속에 감사 제목이나 삶의 작은 변화들을 나눌 수 있는 시간을 정기적으로 마련해야 한다. 이것이 곧 공동체의 살아 있는 이야기이자 기쁨의 원천이 된다. 셋째, 직장인과 부모들을 위한 맞춤 기도가 필요하다. 매주 다른 대상(직장인, 양육자, 자영업자 등)을 위한 축복 기도를 포함시켜, 예배가 일상과 분리된 공간이 아니라 삶과 연결된 자리임을 느끼게 해야 한다. 넷째, 작은 축하와 격려의 문화를 만들어야 한다. 생일, 결혼기념일, 취업, 자녀 입학 등 일상의 작은 이정표를 교회가 함께 축하할 수 있다면, 그 자리는 형식적인 '출석'이 아니라 '함께 기뻐하는 공간'이 된다. 마지막으로, 주체적인 참여를 격려하는 분위기를 만들어야 한다. "안 해도 괜찮다"는 여유 속에서 "하고 싶어지게 만드는" 문화가 중요하다. 강요하지 않되, 의미를 충분히 설명하고, 기다려 줄 수 있는 공동체가 되어야 한다.

3040세대는 단지 편안함만을 원하지 않는다. 그들은 유연하면서도 진지한 예배, 자율적이지만 의미 있는 헌신, 그리고 기쁨으로 이어지는 공동체를 원한다. 신앙은 그들에게 삶의 피로를 이겨내는 회복의 통로이자, 나를 진짜로 알아주는 공동체와 연결되는 기쁨의 경험이어야 한다. 그리고 이런 공동체는 반드시 대형 교회여야만 가능한 것이 아니다. 오히려 중소형 교회일수록 진심이 더 잘 전해지고, 변화는 더 빠르게 일어난다. 소박하지만 따뜻한 환대, 작지만 진심 어린 기도, 복잡하지 않지만 의미 있는 사역이 이들을 다시 예배의 자리로 불러올 것이다.

예배는 그 자체로 기쁨이어야 한다. 그 기쁨 속에서 3040세대는 다시 숨 쉬고, 다시 헌신하고, 다시 살아난다.

12장
본질고리를 만드는 교회

- 3040세대가 살아야 다음세대도 산다 -

3040세대는 단지 교회의 한 세대가 아니다. 그들은 지금 이 시대 교회의 중추이며, 다음세대를 이어갈 징검다리 세대다. 이 세대가 신앙 안에 살아야 그들의 자녀 세대도 교회 안에 머무를 수 있다. 우리는 지금, 중요한 갈림길에 서 있다. 코로나19 이후, 3040세대가 교회 밖으로 떠나는 속도는 더욱 빨라졌고, 이제는 그들의 자녀들마저 교회로부터 멀어지고 있다. 지금 그들을 붙잡지 못한다면, 다음 세대를 회복할 기회는 더욱 희미해질 수밖에 없다.

이 문제는 대형교회만의 고민이 아니다. 오히려 500명 미만의 중소형 교회들이 더 깊이 직면한 현실이다. 인력은 부족하고, 시스템은 제한적이며, 사역은 늘어만 가는데, 3040세대는 조용히 사라지고 있다. 그들은 누구보다 바쁘고, 지쳐 있고, 일과 육아, 피로와 외로움 속에서 어느새 교회와의 연결을 놓쳐버린다. 그리고 목회자는 안다. 그들이 빠져나간 자리를 다시 채우는 것이 결코 쉽지 않다는 것을 말이다. 지금은 교회가 깨어날 때이다.

미국의 교회연구가 톰 레이너는 「죽은 교회를 부검하다」에서 죽어가는 교회는 어느 날 갑자기 죽지 않는다고 말했다. 공통점은, 쇠퇴가 너무 서서히 진행되어 아무도 그것을 인식하지 못했고, 교회는 변화를 끝까지 거부했다는 것이다. 지금 우리 교회 안에서 3040세대가 그렇게 조용히, 서서히 사라지고 있다. 그리고 그들의 자녀들마저 교회에 발길을 끊고 있다. 그 결과, 교회는 점점 노령화되고, 주일학교는 문을 닫고, 다음세대는 보이지 않게 되었다.

이 현실을 뼈아프게 인정해야 한다. 그리고 그 인식이 시작되는 바로 그 지점에서, 변화도 시작될 수 있다. 변화의 출발점은 '우리 교회'다. 중소형 교회는 규모는 작지만, 빠르게 움직일 수 있는 유연성과 관계로 연결된 구조라는 엄청난 강점을 가지고 있다. '어떻게 바꿔야 할지 모르겠다'라고 말하기보다, '우리 교회에서 가능한 한 가지는 무엇인가'라고 묻는 순간, 길은 열리기 시작한다.

예배 시간의 유연함, 육아와 직장을 고려한 사역 구조, 기쁨과 공감으로 드리는 예배, 회복이 가능한 사역 참여 시스템, 이름을 불러주고 기도를 기억하는 공동체적 예배… 이 모든 것은 거대한 예산이나 인력이 아니라, 진심에서 출발하는 작은 전환으로 가능해진다.

'더행복한교회'는 개척 초기부터 3040세대가 몰려들었다. 그리고 10년이 지난 지금, 여전히 이 세대가 교회의 중심을 이루고 있다. 흥미로운 것은, 주일학교 학생들이 어른들 숫자만큼 늘어났다는 점이다. 물론 큰 교회만큼은 아니지만 교회 규모로 볼 때 놀라운 결과다. 이처럼 3040세대가 교회에 뿌리를 내리니, 자연스럽게 그들의 자녀들도 교회 안에서 자란다. 이것이 바로 세대 간의 신앙 계승이다.

지금 3040세대 살리기는 우리교회에서부터 시작해야 한다. 3040세대가 살아야, 다음세대도 산다. 이들은 단순한 구성원이 아니라, 교회와 미래를 연결하는 다리다. 지금 우리가 이 다리를 놓치면, 다음 세대로 가는 길은 끊기고 만다.

하지만 희망은 있다. 이 책이 말하는 것처럼, 대형교회는 대형교회로서의 역할이 있고, 그에 걸맞은 충분한 변화의 능력을 가지고 있다. 또한 중소형교회는 각 교회마다의 특징이 있고, 변화의 능력 또한 갖고 있을 것이다. 중소형 교회야말로 더 가까이 볼 수 있고, 더 빠르게 반응할 수 있으며, 더 진심으로 다가갈 수 있다. 그러므로 중소형 교회야말로 한국교회 변화의 출발점이 될 수 있을 것이다. 우리교회는 작은 교회라서 어렵다고 생각된다면 바로 여러분의 교회가 출발점이 될 수 있다. 변화는 먼 미래의 일이 아니다. 지금, 우리 교회에서부터 시작할 수 있는 일이다. 3040세대가 살아야, 다음세대가 살아난다. 그리고 바로 그 변화를, 당신과 당신의 교회가 만들어낼 수 있을 것이다.

- 형식이 바뀌어도 복음의 본질은 지켜진다 -

필자는 지금 애플워치를 착용하고 있다. 이 시계는 단순히 시간을 알려주는 도구를 넘어, 전화와 문자, 심지어 심장 박동까지 체크해 주는 하나의 스마트 시스템이 되었다. 갤럭시 워치를 비롯한 다른 스마트워치들도 비슷하다. 그러나 이 모든 기능의 중심에는 여전히 '시간'이라는 본질이 있다. 기능은 진화했지만, 본질은 여전히 똑같다. 형식은 바뀌어도 본질은 변하지 않는다. 과거에는 바늘이 움직이는 기계식 시계를 썼다. 그러다 전자시계가 등장했고, 이제는 스마트워치 시대다. 하지만 시계가 본질적으로 '시간을 보여주는 도구'라는 사실은 변함없다. 이러한 원리는 오늘날 교회가 추구해야 할 방향과 같다.

교회의 본질은 예수 그리스도의 십자가 복음이다. 그 본질은 시대를 초월해 변하지 않는다. 대한민국을 넘어 전 세계에도 동일하게 적용

된다. 하지만 그 복음을 담아내는 그릇(예배의 형식, 공동체 운영 방식, 사역 구조)은 시대와 세대에 따라 바뀌어야 한다. 민족과 열방으로 떠난 선교사들의 선교 현장에 따라 복음을 전하는 방식이 달라야 하듯이 오늘을 살아가는 시대에 맞게 변화해야 한다. 어른들에게는 어른들에 맞게, 3040세대에는 3040세대에 맞는 문화로 말이다.

예를 들어보자. 필자가 어릴 적에는 커다란 전지에 찬양 가사를 써서 넘겨가며 찬양을 불렀다. 이후 OHP 필름과 영사기가 등장했고, 지금은 빔프로젝터와 LED 스크린이 널리 사용되고 있다. 가사는 바뀌지 않았지만, 그것을 어떻게 보여주고 전달하는지는 분명히 달라졌다. 이는 단순한 기술의 진보가 아니다. 복음을 더 명확하게, 더 효과적으로 전달하려는 노력의 결과다.

> "복음을 바꾸는 것이 아니라, 복음을 전달하는 방법을 바꿔야 한다."

이 메시지는 특히 전통적인 형식을 중시하는 독자들에게 안심과 설득의 포인트가 된다. 우리가 바꾸려는 것은 복음이 아니라, 복음을 담는 그릇이며, 우리가 지키려는 것은 형식이 아니라, 복음의 본질이다. 교회에서 선포되는 복음은 바꿀 수 없고, 바뀌어서도 안 된다. 하지만 복음을 전하는 방식, 복음을 담아내는 그릇은 시대와 환경에 따라 달라질 수 있다.

3040세대는 단순히 "예배하라"는 요청보다 "당신의 삶 속에 하나님이 찾아오신다"는 경험을 통해 반응한다. 그들을 위해 필요한 것들은 다음과 같다. 예배 시간과 방식의 유연화, 직장과 육아를 고려한 소그룹 큐티 공유 시스템, 출석 체크 없는 자발적 사역 구조, 감사와 축복이 중심이 되는 공동체적 예배 문화 등 이러한 요소들은 복음을 변질시키는 것이 아니라, 복음을 더 명확하게, 더 공감되게 전하는 도구가 된다. "형식은 유연하게, 본질은 더욱 선명하게!"

많은 이들은 "우리는 작은 교회라서 할 수 없다"라고 말한다. 하지만 중소형 교회야말로 변화에 가장 빠르게 반응할 수 있는 교회다. 더 깊은 관계 중심의 구조, 더 빠른 실행력, 더 진심 어린 접근이 가능하기 때문이다. 복음을 지키되, 그 복음을 오늘의 사람들에게 어떻게 전할지를 고민해야 한다. 형식은 도구일 뿐이다. 복음의 내용은 지키되, 복음을 담는 그릇은 유연하게 조정해야 한다.

마지막으로, 이 글을 읽는 여러분의 교회가 지금 이 시대의 3040세대를 위해 어떻게 준비되어 있는지를 다음의 질문을 통해 점검해 보자.

> 1. 우리 교회의 예배 형식은 여전히 3040세대에게 의미 있게 다가가는가?
> 2. 복음을 더 명확하고 효과적으로 전달하기 위한 형식의 전환을 고민하고 있는가?

3. "왜 바꿔야 하는가"보다 "어떻게 더 잘 전할 수 있을까"를 묻고 있는가?
4. 우리 교회는 삶의 리듬에 맞춘 유연한 시스템을 실험하고 있는가?
5. 형식보다 본질에 더 집중하는 리더십 문화를 갖고 있는가?

이 작은 질문들에 진지하게 답하기 시작할 때, 교회는 다시 복음 앞에 설 수 있을 것이다. 스마트워치처럼, 시대에 맞게 변화하되 시간을 중심에 둔 시계처럼, 교회는 시대에 맞게 유연하되 복음을 중심에 두어야 한다. 복음은 그대로 두되, 그 복음을 더 많은 이들에게 전할 수 있는 언어를 찾으라!. 그리고 그 변화는 지금, 여러분의 교회에서부터 시작될 수 있을 것이다. 본질은 지키되, 형식은 바꾸라!

- 준비되지 않아도 괜찮다. 지금 시작하면 된다 -

변화는 결코 대형 시스템이나 수백 명의 인원이 있어야만 가능한 일이 아니다. 오히려 변화는 작고 느린 교회에서부터, 관계가 살아 있는 자리에서부터 시작된다. 중소형 교회야말로 빠르게 시도하고, 유기적으로 전환할 수 있는 최고의 환경을 갖추고 있다.

작은 예배당은 서로의 얼굴을 마주 볼 수 있는 거리다. 단순한 사역 구조는 관계 중심으로 재편하기에 더 적합하다. 수많은 프로그램보다, 몇 명의 3040세대를 기억하고 환대하는 일, 바로 그것이 변화의 출발점이다. 지금 준비가 완벽하지 않아도 괜찮다. 작은 시도, 한 사람을 향한 진심 어린 관심, 공감과 의미가 담긴 초대가 모이면, 그것이 곧 다음세대를 품는 교회의 전환점이 될 수 있다.

그런 의미에서 중소형 교회든, 대형교회든 3040세대 사역의 시작은 다음과 같다.

1. 가벼운 식사 모임부터 시작하라!

3040세대 사역의 시작은 거창한 프로그램이 아니라, 따뜻한 식사 한 끼에서부터 시작된다. 주일마다 인사만 나누던 부부들과 편안한 식사를 함께하며, 그들의 삶을 듣고, 공감하는 시간을 마련해 보라. 하지만 반드시 기억해야 할 것이 있다. 바로 아이들에 대한 배려다.

3040세대 부모들에게 가장 중요한 관심사는 '자녀'다. 식사 자리가 아무리 좋아도 아이가 불편하거나 지루해하면, 부모는 결코 마음 편히 앉아 있을 수 없다. 그래서 아이들이 안전하게 머물 수 있는 공간, 혹은 아이들을 따뜻하게 돌봐 줄 섬김이 한 사람이 꼭 필요하다. 중소형 교회는 인력이 부족할 수 있지만, 많은 경우 목회자 사모님이 이 역할을 감당하면 된다. 물론 사모님에게는 큰 수고이지만, 부모들에게는 잊지 못할 감동의 섬김이 될 것이다. 아이를 맡기고 안심하며 식사하는 그 순간, 부모는 교회가 자신과 자녀를 함께 품고 있다는 깊은 신뢰를 느낀다. 이러한 작은 시작이, 교회와 3040세대 사이의 관계를 여는 첫걸음이 될 것이다. 공감으로 초대하고, 배려로 머물게 하라. 그렇게 한 끼 식사 속에서, 교회는 다시 숨쉬기 시작할 것이다.

2. 따뜻한 식사와 위로가 모임의 본질이다!

3040세대 부모에게 있어, 마음 놓고 식사하는 시간은 단순한 한 끼를 넘어서 쉼이자 치유의 시간이다. 그들의 하루는 업무와 양육, 관계의 피로로 가득 차 있기에, 함께 웃으며 식사하고, 조용히 공감받는 그 순간은 말로 다 할 수 없는 위로가 된다. 화려한 강의나 대단한 프로그램보다 더 중요한 것은 따뜻한 식사와 다정한 격려 한마디다. "잘하고 계세요", "그 마음 이해해요" 이런 진심 어린 말이, 어떤 콘텐츠보다 깊이 이들을 위로한다.

모임의 마무리도 중요하다. 분위기가 좋다고 시간을 길게 끌기보다, 짧은 소감 나눔으로 담백하게 정리하라. "다음에 또 보고 싶다"는 아쉬움이 남는 자리가, 다음 만남을 기대하게 만든다. 아직은 어색한 사이일지라도, 진심이 담긴 식탁 위에서 공감과 신뢰의 씨앗이 자란다. 3040세대는 누군가 자신을 기다려주고, 이해해 주는 자리가 있을 때 비로소 머물게 된다. 말보다 따뜻한 식사, 계획보다 진심 어린 공감,

이것이 모임의 본질이다.

3. 사진 한 장, 차 한 잔이 진짜 나눔을 만들어낸다!

모임이 끝났다고 진짜 만남도 끝난 것은 아니다. 식사를 마친 후, 따뜻한 차 한 잔을 나누며 찍은 소박한 단체 사진 한 장, 그 속에는 함께 웃고, 함께 위로받은 시간이 고스란히 담긴다. 비록 깊은 신앙 나눔이 아니어도 괜찮다. 또래 부모들끼리 "우리도 힘들구나, 그래도 같이 가보자"라는 마음이 오갈 수 있다면, 이미 하나님께서 사용하시는 공동체의 출발점이다. 이후에는 자연스럽게 그날의 모습들을 SNS에 공유해 보라. 사진 한 장, 한두 줄의 소감은 또 다른 부모들의 마음을 두드릴 수 있다.

"나도 다음엔 가고 싶다"라는 마음, "저런 자리에 나도 있어. 보고 싶다"라는 기대감…

이런 감정들이 3040세대의 발걸음을 교회 안으로 이끌게 되는 작은 불씨가 될 것이다. 이후, 교회 차원에서 작은 시상이나 응원의 메시지를 더하면, 모임의 기억이 기쁨으로 각인될 수 있다. 나눔은 억지로 이끌어내는 것이 아니라, 따뜻한 분위기와 소소한 기쁨 속에서 자연스럽게 피어난다. 그리고 그 나눔이 곧 다음 모임의 이유가 된다.

4. 작은 정기모임, 큰 공동체의 시작이 된다!

첫 모임이 은혜롭게 마무리되었다면, 그것이 곧 정기적인 모임으로 이어질 수 있는 출발점이다. "또 보고 싶다", "다음에도 꼭 참여하고 싶다"는 마음이 생겼다면, 교회는 그 흐름을 놓치지 않고 조용히 돕는 조력자가 되어야 한다. 특별한 프로그램 없이도 된다. 교회 공간을 미리 열어두고, 간단한 식사를 후원하며, 아이들과 함께 시간을 보낼 수 있는 공간과 분위기를 만들어 주는 것만으로도 충분하다. 아이들이 마음껏 뛰어놀고, 부모들이 편하게 대화할 수 있는 공간, 그것이 바로 3040세대를 위한 가장 강력한 목회적 환경이다.

때때로 "왜 저들만 혜택을 받느냐"는 목소리가 있을 수도 있다. 그러나 이 사역은 특혜가 아니라 다음세대를 위한 기반 조성이다. 그 뜻을 교회와 당회, 그리고 온 공동체가 함께 이해하고 품을 수 있도록 목회자의 지혜로운 설득과 설명이 동반되어야 한다. 그래야 모임은 일회성 이벤트가 아니라, 교회의 체질로 뿌리내리는 지속 가능한 사역으로 자리매김하게 될 것이다.

5. 리더는 프로그램이 아니라 '사람'이다!

공동체가 안정적으로 지속되기 위해서는, 섬김과 인도에 헌신할 수 있는 부부 리더 한 쌍이 반드시 필요하다. 하지만 그 리더는 단지 나이가 많거나 교회 연수가 많은 사람이 아니다. 같은 길을 먼저 걸어본 신앙의 선배, 자신의 삶과 자녀를 어느 정도 돌볼 수 있는 여유가 있는 부부, 그리고 무엇보다 3040세대를 따뜻하게 이해하고 품을 수 있는 부부여야 한다.

특히 자녀가 비교적 성장한 부모일수록 모임에서 다른 아이들을 살필 수 있는 여유가 생기기에 더 효과적이다. 너무 가까운 또래보다, 약간 앞선 인생을 걸어온 경험 있는 부부가 리더가 될 때, 공동체는 더 깊은 안정감과 신뢰를 형성할 수 있다. 이때의 리더는 지시하고 통제하는 관리자가 아니다. 힘겨운 시기를 걷고 있는 젊은 부부들의 이야기를 귀 기울여 들어주고, 기도하며 묵묵히 곁을 지켜주는 사람이어야 한다. 그러할 때, 리더는 공동체의 중심이 되고, 그 공동체는 3040세대가 다시 신앙의 뿌리를 내리는 거룩한 흙이 된다.

6. 리더를 세우는 것은, 한 사람의 인생을 돌보는 일이다!

3040세대는 혼자 감당해야 할 일이 많은 세대다. 육아와 직장, 관계와 경제, 신앙과 정체성 사이에서 늘 줄타기를 하고 있다. 그렇기에 리더가 된다는 일은 이들에게 결코 가벼운 일이 아니다. 하지만 동시에, 누군가의 리더가 된다는 것은 곧 자기 인생을 믿고 맡길 수 있는 누군가를 만나는 경험이기도 하다. 그래서 교회는 3040 리더들에게 '사역을 시키는 교회'가 아니라, '곁에서 끝까지 함께 걷는 교회'가 되어야 한다. 세워진 리더들과 함께 멤버들을 돌보고, 때로는 서로를 위해 기도하고, 삶의 무게를 나누는 모임이 꾸준히 이루어져야 한다.

그리고 잊지 말아야 할 한 가지, 리더도 사람이다. 그들도 지치고, 흔들리고, 때로는 고갈된다. 그러므로 지속적인 영적·정서적 돌봄이 반드시 동반되어야 한다. 이것이 리더십의 생명력을 유지하는 가장 본질적인 원리다.

7. 리더를 위한 '소그룹 리더모임'은 또 다른 공동체다!

많은 교회에서 구역장이나 셀리더들이 한자리에 모여 목회자의 강의를 듣고 흩어지는 집체식 리더 교육을 운영하고 있다. 물론 이런 방식도 필요하지만, 3040세대에게는 조금 다르게 접근할 필요가 있다. 이들에게 필요한 건 '강의'보다 나눔, '지시'보다 공감, '계획'보다 경험의 공유다. 리더들이 마음을 열고 자신의 상태를 이야기할 수 있는 자리, 지친 마음을 내려놓고 다시 은혜를 채울 수 있는 자리, 그들이 돌보는 사람 이전에, 한 사람으로서 다시 돌봄을 받는 자리, 바로 그것이 리더모임이어야 한다. '리더를 위한 또 하나의 소그룹' 이것이 바로 교회의 영적 체온을 유지하게 하는 원동력이 된다. 목회자는 이 공간을 통해 리더들의 영적 상태를 진단하고, 개별적인 위로와 방향성을 제시할 수 있기에 일석이조의 모임이라 할 수 있다.

8. 담임목회자와의 정기 모임, 그것이 3040세대 목회다.

리더들이 오래 섬길 수 있는 이유는 사명이 있어서가 아니라, 동행하는 사람이 있어서다. 3040세대 리더들은 정기적으로 담임목회자 혹은 담당사역자와 함께하는 시간을 통해 위로받고, 격려받고, 사역의 의미를 다시 되새긴다. 정기적인 티타임, 분기별 리더 간담회, 리더 부부 초청 식사 등 형식은 다양해도 좋다. 중요한 건 담임목회자가 직접 그들과 함께한다는 사실이다.

목회자는 강단에서만 가르치는 존재가 아니라, 함께 웃고, 울고, 기도하며 곁을 지키는 동역자라는 사실을 리더들이 실감할 수 있도록 하는 것. 그것이 교회를 지속 가능하게 하고, 리더들을 떠나지 않게 만드는 핵심이다. 하나님은 '능력 있는 리더'를 통해 공동체를 세우시는 것이 아니라, '함께하는 리더'를 통해 교회를 견고하게 세우신다. 그것이 3040세대 목회다.

● 이처럼 3040세대는 강요된 헌신에 반응하지 않는다.

그들은 억지로 끌려가는 것이 아니라, 초대받은 자리에서, 의미를 느낄 때 스스로 일어나는 세대다. "무조건 충성하라"는 방식은 이들에게 더 이상 통하지 않는다. 오히려 쉼이 있는 사역, 자발적 참여, 물러나도 괜찮은 회복의 여백이 주어질 때, 그들은 다시 숨을 쉰다. 사역을 위해 사람이 있는 구조가 아니라, 사람을 위한 사역의 구조로 전환

될 때, 이 세대는 오래도록 교회에 머물 수 있다. 그리고 바로 이런 변화는, 거대한 예산이나 인력 없이도, 중소형 교회에서부터 시작할 수 있다. 더행복한교회 역시 그렇게 시작했다. 뭔가 특별한 시스템이 있었던 것도 아니고, 모든 조건이 완비되어 있었던 것도 아니었다. 단지, 몇 명의 3040세대와 따뜻한 식탁을 함께 나누었고, 그들의 자녀를 진심으로 품었으며, 강의보다 공감, 프로그램보다 기도를 선택했을 뿐이다. 그 작은 걸음이, 지금의 공동체를 만들어냈다. 예배는 억지로 참석해야 하는 자리가 아니라, 다시 오고 싶은 자리가 되어야 한다. 삶이 기억되고, 축복받고, 함께 울고 웃는 예배. 그것이 바로 3040세대가 숨 쉴 수 있는 예배이다.

바로 중소형 교회야말로, 그러한 예배를 만들 수 있는 가장 유리한 자리에 있다. 이름을 불러줄 수 있고, 눈을 맞춰줄 수 있으며, 삶의 기쁨과 눈물을 함께 나눌 수 있는 예배 공간. 그곳에서 3040은 살아나고, 다음세대는 이어질 수 있다. 지금 모든 조건이 완벽하지 않아도 괜찮다. 이 책은 거대한 전략서가 아니다. 당장 지금 있는 자리에서, 가능한 만큼 시작할 수 있는 지침서다. "우리에겐 인원이 부족하다"라고 말하기보다, "함께 마음을 나눌 수 있는 몇 명이 있다면 시작할 수 있다"라고 고백해 보라. "프로그램이 없다"라고 말하기보다, "한 사람의 삶을 기억하고 축복하는 자리부터 만들겠다"라고 결단해 보라.

바로 그 작고 소박한 걸음이, 3040세대를 깨우는 불씨가 될 것이다. 당신의 교회가 그 불씨가 될 수 있다. 더행복한교회가 할 수 있었다면, 여러분의 교회도 반드시 할 수 있다. 우리가 이 세대를 위해 다시 걸어가기 시작한다면, 그 다음 세대는 그들의 어깨 위에서 살아나게 될 것이다. 3040세대가 살아야, 다음세대가 살아난다. 그리고, 그 변화의 시작은 지금, 여기, 바로 여러분의 교회에서부터 가능하다.

에필로그:
지금, 다시 시작할 수 있다.

히스기야는 이렇게 말했다. "내가 사는 날에 태평과 진실이 있을진대, 어찌 선하지 아니하리요"(왕하 20:19)

자신의 시대가 평안하면 괜찮다는 이 고백은, 겉으로는 신앙의 수용처럼 들리지만 사실은 다음세대를 잊은 리더의 슬픈 자화상이었다. 자신의 세대만을 위한 안주, 그 이후를 준비하지 못한 리더십의 한계였다.

이제 우리에게는 선택이 필요하다. 우리가 지금 3040세대를 세우지 않는다면, 교회는 다음세대 자체를 잃을 수 있다. 그러나 지금, 이 자리에서 우리가 3040세대를 다시 부르고, 다시 품는다면 그 뒤를 따를 자녀세대는 예배를 사랑하고, 교회를 다시 고향처럼 여기게 될 것이다.

이 책은 그 믿음에서 출발했다. 3040세대를 단순히 떠난 세대로 보지 않고, 다시 숨 쉬게 해야 할 세대로 바라보면서. 그리고 10년 넘게 목회 현장에서 겪은 수많은 씨름과 실험, 실패와 회복의 이야기를 담아 이제는 한국교회 전체에 함께 나누고자 하는 간절한 기록이다.

3040세대는 완전히 믿음을 떠난 것이 아니다. 그들은 여전히 기도하고 싶고, 말씀을 듣고 싶고, 하나님을 갈망한다. 그러나 더 이상 교회 안에서 숨 쉴 공간이 없다고 느끼며 떠난 것이다.
코로나 팬데믹은 그 흐름을 더욱 가속화시켰다. 비대면 예배, 공동체 해체, 신앙의 습관적 단절. 그 후유증은 3040세대에게 가장 깊고 아프게 남았다. 이제 그들은 믿음을 지키기 위해 교회를 떠나는 세대가 되었다.

그러나, 아직 희망은 있다. 더행복한교회는 그 세대와 10년을 함께 씨름하며 기도했고, 포기하지 않았고, 결국 다시 숨 쉬는 기적의 순간들을 맞이했다. 작지만 실제적인 회복의 길이 있다는 것을, 우리는 보았다. 예배를 바꾸고, 공동체 구조를 바꾸고, 무엇보다 한 사람의 마음을 다시 품을 때 변화는 시작되었다. 이제, 그 이야기를 당신의 교회가 이어갈 수 있다.

예산이 부족해도 괜찮다.
프로그램이 없어도 괜찮다.
사람이 적어도 괜찮다.

함께 울어줄 한 사람, 함께 기도할 두세 사람, 그리고 다시 품으려는 당신의 결단만 있다면, 바로 지금, 당신의 교회에서도 3040 심폐소생은 시작될 수 있다.

히스기야처럼, '지금만 괜찮으면 된다'는 말은 오늘날 교회가 가장 경계해야 할 유혹이다. 우리는 다음세대를 잊지 말아야 한다. 지금 3040세대를 붙잡는 것이, 곧 다음세대를 살리는 일이다.

숨이 멎어가는 교회여, 이제 다시 심장을 뛰게 하자! 3040세대가 살아야, 교회가 다시 살아난다. 지금부터, 여기서부터. 우리의 교회에서부터. 다시 함께, 교회를 세워갑시다.